W9-BKR-221

ABC of Lettering and Printing Typefaces

Erik Lindegren

ABC of Lettering and Printing Typefaces

*A Complete Guide to the Letters and Typefaces
Used for Typesetting and Printing*

Greenwich House
New York

Copyright © 1982 by Greenwich House, a division
of Arlington House, Inc.

All rights reserved.

This 1982 edition is published by Greenwich House,
a division of Arlington House, Inc.
distributed by Crown Publishers, Inc.

Manufactured in the United States of America

**Library of Congress Cataloging in Publication
Data**

Lindegren, Erik.
ABC of lettering and printing typefaces
1. Type and type-founding.   2. Printing—
Specimens.
3. Lettering.   I. Title.   II. Title: A.B.C. of
lettering and printing types
Z250.L627   686.2'24   82-3026
ISBN: 0-517-383349   AACR2

h g f e d c b a

Lettering is a precise art and strictly subject to tradition. The "New Art" notion that you can make letters whatever shapes you like, is as foolish as the notion, if anyone has such a notion, that you can make houses any shapes you like. You can't, unless you live all by yourself on a desert island.

Eric Gill

Contents

Classification of printing types

The handwritten books of the Middle Ages and Renaissance served as a pattern for the first book printers, both as regards the preparation of printing types and for the typographical arrangement. They imitated the original manuscripts with the utmost accuracy and consummate skill. This is one of the reasons for the high artistic quality that characterizes books printed in the 15th and 16th centuries.

Following generations of type designers and type-cutters found a rich source of inspiration when creating new printing types. It is therefore not surprising that many modern type faces can trace their origins back to the letter forms devised long ago by such masters as Aldus Manutius, Nicolas Jenson, Claude Garamond and many others. The basic letter form has survived throughout the centuries and it is only in stylistic details that the many variations in taste have found expression. To a certain extent, technical developments in type-cutting an paper manufacture have also influenced the character of the printing types.

The individuality of different types is also a great asset to the present-day graphic designer. It widens his potentiality for making typographic variations and can give the printed matter a special atmosphere without affecting legibility. However, a vital condition for good results is, that the designer has a thorough knowledge of the history of writing and the art of book printing, as well as the detailed characteristics of the type faces with which he wishes to work.

Many attempts have been made to classify systematically the large number of printing types existing today – to which new designs are constantly being added. The grouping of type characters which has become generally accepted in Sweden has been used at Grafiska Institutet (The Institute of Graphic Art) ever since its inception in 1944. The Principal of the Institute, Dr. Bror Zachrisson, has devoted much work to this subject.

Foreword

"Letters are things, not pictures of things."
—Eric Gill, noted type designer

It is exciting to reissue Eric Lindegren's classic work on printing and lettering typefaces, to once more make this book available to all those interested in the hundreds of typefaces in use today. Classic faces such as Baskerville, Goudy, Bodoni, Futura, and Franklin Gothic are represented. Moreover, a completely new section on current typefaces, such as Benguiat, Americana, Avant Garde, and Galliard has been added to this edition, as well as a section on dingbats, making this book complete and up to date.

The design possibilities of typefaces have fascinated both artists and writers since Johann Gutenberg printed his famous Bible in Mainz, Germany, in 1456. *How* words are set and positioned is as important as their content. The typeface and design used in a book can either enhance the reader's enjoyment or be a tedious, confusing barrier.

ABC of Printing and Lettering Typefaces shows professionals and amateurs alike the exciting possibilities inherent in the vast assortment of modern typefaces. The book exemplifies Eric Gill's belief that "letters are things" in their own right, to be used and enjoyed for their unique characteristics.

Greek Letters

During the Renaissance interest was re-awakened in Greek art and litterature. Books printed in Greek spread knowledge of Ancient Greece, which was of the greatest significance for the continued development of Western culture. A symbol of the rich cultural heritage handed down to us by the Greeks is represented by the first two characters in their letter sequence – *alpha* and *beta* – from which our word 'alphabet' is derived.

The table shows both the capitals and small letters of the Greek alphabet, as well as their names and phonetic sounds.

The Greek alphabet shown opposite is a large-scale example of Phidias, designed by Hermann Zapf.

Letter	Name	Sound
Aα *Aα*	*Alfa*	a
Bβ *Bβ*	*Beta*	b
Γγ *Γγ*	*Gamma*	g
Δδ *Δδ*	*Delta*	d
Eε *Eε*	*Epsilon*	e
Zζ *Zζ*	*Zeta*	z
Hη *Hη*	*Eta*	e
Θθ *Θθ*	*Theta*	th
Iι *Iι*	*Iota*	i
Kκ *Kκ*	*Kappa*	k
Λλ *Λλ*	*Lambda*	l
Mμ *Mμ*	*My*	m
Nν *Nν*	*Ny*	n
Ξξ *Ξξ*	*Xi*	x
Oο *Oο*	*Omikron*	o
Ππ *Ππ*	*Pi*	p
Pρ *Pρ*	*Rho*	r,rh
Σςσ *Σςσ*	*Sigma*	s
Tτ *Tτ*	*Tau*	t
Yυ *Yυ*	*Ypsilon*	y,u
Φφ *Φφ*	*Phi*	ph
Xχ *Xχ*	*Khi*	ch
Ψψ *Ψψ*	*Psi*	ps
Ωω *Ωω*	*Omega*	o

ΑΒΓΔΕΖΗ
ΘΙΚΛΜ
ΝΞΟΠΡΣ
ΤΥΦΧΨΩ

9

Roman majuscule

The Roman majuscule letters, such as are to be found on Trajan's Column in Rome, have been a source of inspiration to type designers, and today many beautiful capital alphabets are available as printing types.

The Roman majuscule letters also form the basis of the capital letters for type faces within the Old Face group.

INCISES

The Roman majuscule alphabet shown on the opposite page is a large-scale version of Ericus, designed by Karl-Erik Forsberg.

ABC·DEF
GHIJKLM
NOPQRS
TUVXYZ

11

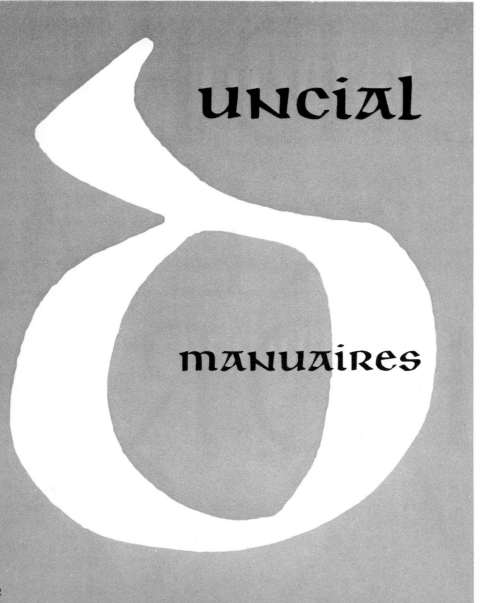

Uncial

Ancient Roman handwriting forms such as Capitalis Quadrata, Capitalis Rustica, Carolingian Minuscule, Uncial and others have formed the background for several type faces having the special characteristics of handwritten letters. These printing types are naturally not intended for setting long texts, but are mostly used for headings in printed matter of a temporary nature.

MANUAIRES

Carolus 64, 65
Codex 67
Libra 68
Ritmo 271
Studio 273
Unciàla 68

On the opposite page is shown a large-scale version of Unciàla, designed by Oldrich Menhart.

ABCDEFG
hijklmN
OPQRSt
uvwxyz

Manuaires

Gothic Type Faces

Goudy Text 70, 71
Leibniz 74
Nürnberger Schwabacher 78
Wallau 79
Enlargements of the first three of these
are reproduced on the following pages.

Gothic Type Faces

Textur is characterized by the strongly emphasized perpendicular stems of the small letters. The capitals of *Fraktur* are usually very ornamental and therefore quite difficult to read. For example, those not accustomed to reading Fraktur can easily confuse 𝕾 and 𝕲, 𝕭 and 𝖁, f and ſ. The stems of the small letters terminate at the top in a cleft (I) and at the bottom in a point (f,p). *Schwabach* type contains some very characteristic letters, such as the capital H and lower case g (page 17). The different type groups belonging to this family of type characters can easily be identified by the formation of the letter d.

14

Aa Bb Cc Dd Ee Ff Gg

Hh Ii Jj Kk Ll Mm Nn

Oo Pp Qq Rr Ss Tt

Uu Vv Ww Xx Yy Zz

Aa Bb Cc Dd Ee Ff Gg

Hh Ii Jj Kk Ll Mm Nn

Oo Pp Qq Rr Sß Tt

Uu Vv Ww Xx Yy Zz

Aa Bb Cc Dd Ee Ff Gg

Hh Ii Jj Kk Ll Mm Nn

Oo Pp Qq Rr Sſs Tt

Uu Vv Ww Xx Yy Zz

GARALDES

d

1

Humanes

Old Faces

The forerunner of the first printing types of this style was the humanistic Renaissance handwriting which was written with a broad, flat quill pen. In the capital letters a clear relationship can be discerned with the Roman majuscule characters.

There is only a slight difference in the line thickness between hairlines and stems; the serifs in the small letters are sloping and gently rounded; in the rounded letters the widest part of the swelling is offset. The capital letters are generally slightly lower than the stems of the small letters, but not in the case of *Venetian Roman (Humanes)*, an early form of Old Face *(Garaldes)*. The thin line of the letter e *(Centaur)* is often sloping.

GARALDES / *Old Faces*	HUMANES / *Venetian Roman*
Bembo 83	Centaur 81
Berling 98	Diotima 103
Caslon 84	Eusebius 112, 113
Garaldus 94	Minerva 141
Garamond 88, 90, 91, 92, 93	Palatino 100, 101
Janson 97	de Roos 128
Romulus 130, 131	
Spectrum 132, 133	
Trump-Mediäval 107	
Vendôme 143	

The following pages show large-scale examples of Bembo.

ABCDEFI
GHJKLM
NOPQRS

TUV&W
I XYZ 2
34567890

BEMBO, *Monotype*

abcdefghij
klmnopqr
stuvw xyz

RÉALES

réales

Transitional Types

Printing types belonging to this group have more pronounced stems; hairlines and serifs are thinner than in the case of Old Face. The centre of gravity of the rounded letters has been shifted to the middle (for example, d, e, o). A certain influence from copperplate lettering technique is also evident. One of the most beautiful and popular type faces within this group was created in about 1750 by the English type-caster and book printer, John Baskerville.

Present-day variations on this theme, which worthily uphold the excellent English tradition, are the type faces *Perpetua* and *Times New Roman*. The latter, which was originally produced for the newspaper 'The Times', has become a much appreciated all-round type face.

RÉALES / *Transitional Types*

The following pages show large-scale examples of Baskerville.

ABC*DEF
GHJKLM
NOPQRS

TUVXYZ
1234567890
WILDER

BASKERVILLE, *Stephenson Blake*

abcdefghij
klmnopqrs
tuvw & xyz

DIDONES

didones

Modern Faces

Most of the type faces under this heading originated at the end of the 18th century and the beginning of the 19th. The difference between the thickness of the thin hairlines and stems has become more pronounced; the linear serifs are straight and extremely fine. The letters have become narrower, and the austere and rigid form of the characters gives a factual, earnest and ceremonious appearance that perfectly reflects the atmosphere and taste of the neo-classical period. Modern Face reached its culmination in the printing types produced by Firmin Didot, Giambattista Bodoni and Erich Justus Walbaum.

DIDONES | *Modern Faces*

The following pages show large-scale examples of Bodoni.

ABCDEFG
* HIJKLM *
NOPQRST

1 * 2 * 3 * 4 * 5
U V W X Y Z
6 * 7 * 8 * 9 * 0

abcdefghij
klmnopqrs
* tuvwxyz *

LINÉALES

linéales

Sans Serif Faces

Sans Serif, which is characterized by lines of largely uniform thickness, has no serifs. The type forms can be divided up into two main groups: those type faces which were originated in the first half of the 19th century and those which were created during the 1920's. The latter follow a strictly geometrical pattern *(Futura)*. Interest in Sans Serif type faces, particularly those based on the old 19th century form *(Folio, Univers, Permanent)*, increased sharply during the 1950's.

LINÉALES / *Sans Serif Faces*

Akzidenz-Grotesk 250
Breite Fette Information 268
Bücher-Grotesk 251, 252, 253
Eurostile 257, 258, 259
Folio 237, 238, 239
Futura 226, 227
Gill 229, 230, 231
Graphique 263
Lichte Fette Grotesk 264
Mercator 243
Microgramma 260, 261

Neue Haas Grotesk 240, 241
Nord 269
Orbis 262
Permanent 246, 247, 248
Placard 256
Recta 244, 245
Signum 255
Spartan 265
Steinschrift Eng 254
Univers 232, 233, 234, 235, 236

The following pages show large-scale examples of Univers.

ABCDEFI
GHJKLM
NOPQRS

TUVWXY
Z123456
7890 abc

defghijkl
mnopqrs
tuvwxyz

Egyptian/Antique Face

In the same way as Sans Serif, this type face originated in the 19th century and also has a development pattern recalling that of Sans Serif. During recent times the type faces produced within this group have adopted characteristic features from earlier patterns (*Volta, Clarendon*), while another more contrived form originates from the 1920's and 1930's (*Beton*). Egyptian/Antique Face is characterized by the pronounced projections terminating the stems. A variant within this group is *Italienne*, which has extremely narrow letters having pronounced and high projections (*Playbill, Pro Arte*).

MÉCANES / *Egyptian, Antique Faces*

The following pages show large-scale examples of Clarendon.

ABCDEF
GHIJKL
MNOPQ

TUVWX1
YZ23456
7890abcd

CLARENDON, *Haas*

efghijklm
nopqrstu
RvwxyzS

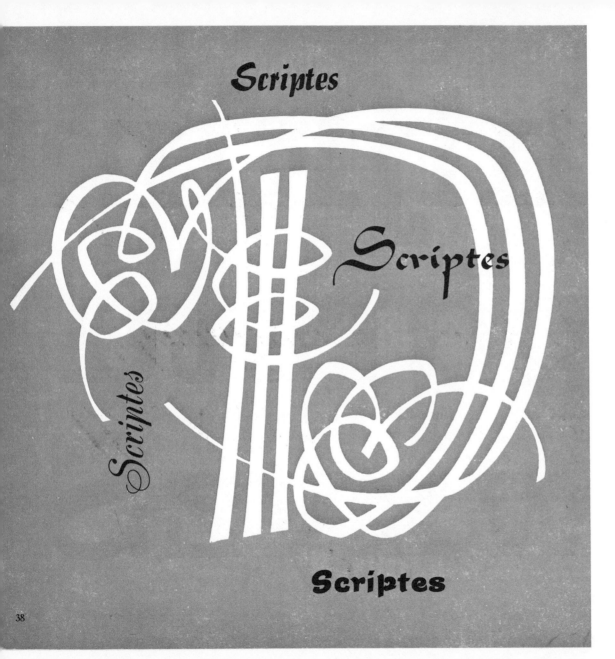

Calligraphic Types

As indicated by the name, type faces of this sort are clearly associated with calligraphy–hand lettering and writing. A variety of tools can be used for fashioning the type faces; for example, the brush, the broad, flat pen, the graving tool or any other writing implement that can give the type its basic form as well as its distinctive and individual characteristics.

The opposite page shows an example of Ideal-Schreibschrift.

A B C D E F G

H I J K L M N O

abcdefghijklmnopqrstuvwxyz

P Q R S T U V W

X Y Z

ABRAHAM VON WERDT.

THE PRINTER

carried on into type the tradition of the calligrapher and of the calligrapher at his best. As this tradition died out in the distance, the craft of the printer declined. It is the function of the calligrapher to revive and restore the craft of the printer to its original purity of intention and accomplishment.

THOMAS J. COBDEN-SANDERSON

Poliphilus Titling 24· *Blado 24·* MONOTYPE

Boktryckaren överförde till trycktypen det bästa i det kalligrafiska arvet. När den kalligrafiska traditionen dog ut, började typografin förfalla. Det är kalligrafens uppgift att återkalla boktryckarkonsten till dess ursprungliga äkthet.

ΑΒΓΔΕΖΗ
ΘΙΚΛΜΝΞΟ
ΠΡΣΤΥΦΧΨΩ
1234567890

Phidias 72/60·   STEMPEL, *Hermann Zapf 1953*

TAG
ANSPRÅKSLÖST
EMOT ⁘ GIV UTAN
GRÄMELSE
MARCUS AURELIUS

ABCDEFGHIJKLMN
OPQRSTUVWXYZ
1234567890

Augustea 48· Augustea Filettata 48· NEBIOLO, *Aldo Novarese & Alessandro Butti 1955*

1234567890
ABCDEFGHIJKLMN
OPQRSTUVWXYZ

ABCDEFGHIJKLMN
OPQRSTUVWXYZ
1234567890
abcdefghijklmnop
qrstuvwxyz

Nova-Augustea 48/60· NEBIOLO, *Aldo Novarese 1964*

ABC
DEFGHIJKLM
NOPQRSTUVW
XYZ
12345 & 67890

Monument 48· GRAFOTECHNA, *Oldrich Menhart*

ABC
DEFGHIJKLMN
OPQRSTUVW
XYZ
12345 & 67890

Trump-Gravur 60· WEBER, *Georg Trump 1962*

47

ABCDEFGHIJKLMNO
PQRSTUVWXYZ
abcdefghijklmnopqrstuvwxyz
12345 & 67890

ABCDEFGHIJKLMNOPQ
RSTUVWXYZ

Contura 36· TYPEFOUNDRY AMSTERDAM, *Dick Dooijes 1964*   Open Capitals 24· ENSCHEDÉ, *Jan van Krimpen 1928*

ABC DEFGHIJKLMN OPQRSTUVW XYZ 1234567890

ABC
DEFGHIJKLMN
OPQRSTUVW
XYZ

1234567890   1234567890

abcdefghijklmnopqrstuvwxyz *abcdefghijklmnopqrstuvwxyz*

     Aeterna 60·   *Aeterna 24·*   LUDWIG & MAYER, *Heinrich Jost 1927*

ABCDEF
GHIJKLMNOP
QRSTUVW
XYZ

ÆAABC
DEEFGGHIJKLM
NOPQRSTUVW
XYZ
1234567890

Weiss Lapidar, Mager 60· BAUERSCHE GIESSEREI, *E. R. Weiss 1931*

ᴀABC
DEEFGGHIJKLM
NOPQRSTUVW
XYZ
1234567890

ABC DEFGHIJKLMN OPQRSTUVW XYZ 1234567890

Weiss Kapitale Mager 60· BAUERSCHE GIESSEREI, *E. R. Weiss 1931*

ABC
DEFGGHIJKLM
NOPQRSTUVW
XYZ
1234567890

ABC
DEFGHIJKLMN
OPQRSTUVW
XYZ
1234567890

Sistina 60· STEMPEL, *Hermann Zapf 1951*

ABC
DEFGHIJKLMN
OPQRSTUVW
XYZ
1234567890

ABCDEF
GHIJKLMNO
PQRSTUVW
XYZ
1234567890

Cristal 48· DEBERNY & PEIGNOT, *Remy Peignot 1957*

ABCDEF
GHIJKLMNO
PQRSTUVW
XYZ
1234567890

ABCDEFGHIJ
CAPITALIS
KLMNOPQR
ERICUS
STUVXYZ

Ericus BERLINGS, *Karl-Erik Forsberg 1964*

IRACUNDIAM QUI VINCIT HOSTEM SUPERAT MAXIMUM

Den som lägger band på sin vrede övervinner sin farligaste fiende

He who keeps a rein on his wrath conquers his worst enemy

ABCDEF
GHIJKLMNO
PQRSTUVW
XYZ
1234567890

Delphian Open Title 60· LUDLOW, *R. Hunter Middleton 1928*

ABCDEFGHIJ
KLMNOPQRST
UVWXYƐZY
1234567890

Michael Harvey

ABC

DEFGHIJKLMNO

PQRSTUVWXYZ

1234567890

Carolus 48· BERLINGS, *Karl-Erik Forsberg 1955*

MENDACI HOMINI NEVERUM QUIDEM DICENTI CREDERE SOLEMUS

EN LÖGNARE TROR MAN INTE, ÄVEN OM HAN TALAR SANNING

CICERO

ABCDEFGHIJKL

MMNNOPQQURSTUVVW

XYZ

abcdefghijklmnopqrstuvwxyz

1234567890

Ondine 36· DEBERNY & PEIGNOT, *Adrian Frutiger 1956*

ABCDEFGHIJKLMNO
PQRSTUVWXYZ
abcdefghijklmnopqrstuvwxyz
1234567890

BRANDES:

Ringa är makten i det bly, som stöpes till kulor,
jämfört med det som blir till typer.

the quick BROWN fox jumps

over the lazy dog

ABCDEFGHIJKLMNOPQRSTUVWXYZ

1234567890

ABCDEFGHIJKLMNOPQRSTUVWXYZ

12345 & 67890

Libra 36· TYPEFOUNDRY AMSTERDAM, *S. H. de Roos 1938*   Mosaik 36· STEMPEL, *Martin Kausche 1954*   Unciàla 24· GRAFOTECHNA, *Oldrich Menhart 1944*

ABCDEFGHIJKLMNO
PQRSTUVWXYZ

ABCDEFGHIJKLMNO
PQRSTUVWXYZ

Adam Bertil Cecar David Erik Filip

Gustav Harald Ivar Johan Kalle

Ludvig Martin Niklas Olof Petter

Qvintus Rudolf Sigurd Tore

Torsten Urban Viktor Wilhelm

Xerxes Yngve Zäta

Goudy Text   Lombardic Capitals   MONOTYPE, *Frederic W. Goudy*

ABCDEFGHIJKLM
NOPQRSTUVWXYZ
12345 & 67890
abcdefghijklmnopqrstuvwxyz

Goudy Text 48· MONOTYPE, *Frederic W. Goudy 1928*

Mehr als Gold
hat das Blei die Welt geändert

LICHTENBERG

ABCDEFGHIJKLMNOPQRST
UVWXYZ
abcdefghijklmnopqrsſstuvwxyz 1234567890

ABCDEFGHIJKLMNOPQ
RSTUVWXYZ
abcdefghijklmnopqrſstuvwxyz
1234567890

Caslon Gotisch STEMPEL   Trump-Deutsch 36· BERTHOLD, *Georg Trump 1936*

ABCDEFGH
IJKLMNOPQRST
UVWXYZ

abcdefghijklmnopqrstuvwxyz

1234567890

Wilhelm-Klingspor-Schrift 60· STEMPEL, *Rudolf Koch*

A B C D E F G H J K L M N O P

Q R S T U V W X Y Z

abcdefghijklmnopqrſstuvwxyz

*

Das Größeste ist das Alphabet, denn alle Weisheit

steckt darin. Aber nur der erkennt den Sinn,

der's recht zusammenzuſetzen verſteht. Geibel

Adam Bertil Cesar David Erik Filip Gustav

Harald Ivar Johan Kalle Ludvig Martin Niklas

Olof Petter Quintus Rudolf Sigurd Tore

Urban Viktor Wilhelm Xerxes Yngve Zäta

abcdefghijklmnopqrstuvwxyz 1234567890

Adam Bertil Cesar David Erik filip Gustav

Harald Ivar Johan Kalle Ludvig Martin Niklas

Olof Petter Quintus Rudolf Sigurd Tore Urban

Viktor Wilhelm Xerxes Yngve Zäta

A B C D E F G H I J K L M N O P Q R S T U V W X Y Z

abcdefghijklmnopqrstuvwxyz 1234567890

Rhapsodie 36· 16· LUDWIG & MAYER, *Ilse Schüle 1951*

A B C D E F
G H I J K L M N

O P Q R S T U V W
X Y Z

ABCDEFGHIJKLMN
OPQRSTUVWXYZ

abcdefghijklmnopqrstuvwxyz
1234567890

Nürnberger Schwabacher 36· HAAS

ABCDEFGHIJK
LMNOPQRSTUVWXYZ
abcdefghijklmnopqrſ
12345 tuvwxyz 67890

ABC

DEFGHIJKLMNOPQRSTUVWXYZ

abcdefghijklmnopqrstuvwxyz 1234567890

abcdefghijklmnopqrstuvwxyz 1234567890

ABCDEFGHIJKLMNOPQRSTUVW

XYZ

Goudy Old Style 36· *Goudy Old Style 36·* MONOTYPE, *Frederic W. Goudy 1916*

ABCDEFGHIJKLMNO
PQRSTUVWXYZ
abcdefghijklmnopqrstuvwxyz
1234567890

Printing is fundamentally a selection of materials already in existence and an assembling of these different varieties of types and papers and ornaments; and it is the way that they are assembled that counts in the effect. One can take almost any kind of type and produce extremely varied results by different methods of handling it, by different combinations of ornaments, and by choice of various papers. BRUCE ROGERS

Centaur 42· MONOTYPE, *Bruce Rogers 1928*   *Arrighi 18·* MONOTYPE, *Frederic Warde 1928*

VERBA VOLANT
LITTERA SCRIPTA MANET

Orden förflyger, det skrivna består

ABCDEFGHIJKLMNO
PQRSTUVWXYZ

A good book is the best of friends, the same to-day and for ever.
En god bok är den bäste av vänner, den samme i dag och för alltid.

M. F. TUPPER

Dante Titling 36· Dante 14· MONOTYPE, *Giovanni Mardersteig 1959*

ABCDEFGHIJKLMNO
PQRSTUVWXYZ
abcdefghijklmnopqrstuvwxyz

ABCDEFGHIJKLMNOPQRRSTUVWXYZ
abcdefghijklmnopqrstuvwxyz & 1234567890

ABCDEFGHIJKLMNOPQRSTUVWXYZ
abcdefghijklmnopqrstuvwxyz & 1234567890

*Alfred Fairbank: Just as one would wish to speak not only clearly but with some civilized and musical quality of grace,
so one may write and the writing be worthy of the name of calligraphy — by which is meant handwriting considered as an art.*

ABCDEFGHIJKLMNOPQRSTUVWXYZ

abcdefghijklmnopqrstuvwxyz 1234567890

ABCDEFGHIJKLMNOPQRSTUVWXYZ

abcdefghijklmnopqrstuvwxyz 1234567890

Caslon 28· *Caslon 28·* HAAS 1930

ABCDEFGHIJKLMNO
PQRSTUVWXYZ
abcdefghijklmnopqrstuvwxyz

Werbedruck-Antiqua 36· WAGNER

84

ABCDEFGHIJKLMNO
PQRSTUVWXYZ
abcdefghijklmnopqrstuvwxyz
1234567890

ABCDEFGHIJKLMNOPQRSTUVWXYZ

abcdefghijklmnopqrstuvwxyz 1234567890

ABCDEFGHIJKLMN
OPQRSTUVWXYZ
abcdefghijklmnopqrstuvw
12345 xyz 67890

Det kan för mig icke tänkas någon konstart, någon konstindustri eller något verksamhetsfält, som kan taga en människas hela själ så helt i anspråk som boktryckarkonsten och som ger så mycket igen, ideellt talat, av de ansträngningar, som man gör för att söka åstadkomma något gott, något vackert.

WALDEMAR ZACHRISSON

ABCDEFGHIJK
LMNOPQRSTUVWXYZ
abcdefghijklmnopqrstuvwxyz & 1234567890

ABCDEF ❦ *GJMPTU*

abcdefghijkklmnopqrstuvwxyz & 1234567890

ABCDEFGHIJKLMNO
PQRSTUVWXYZ

ABCDEFGHIJKLMNO
PQRSTUVWXYZ
abcdefghijklmnopqrstuvwxyz
1234567890

ABCDEFGHIJKLMNOPQRSTUVWXYZ
abcdefghijklmnopqrstuvwxyz 1234567890

ABCDEF
GHIJKLMNO
PQRSTUVW
XYZ

ABCDEFGHIJKLMN OPQRSTUVWXYZ abcdefghijklmnopqrstuvwxyz 1234567890

ABCDEFGHIJKLMNOPQRSTUVWXYZ

abcdefghijklmnopqrstuvwxyz 1234567890

Garamond 48· *Garamond 36·* LUDLOW, *R. Hunter Middleton*

ABCDEFGHIJKLMNO
PQRSTUVWXYZ
abcdefghijklmnopqrstuvwxyz
1234567890

ABCDEFGHIJKLMNOPQRSTUVWXYZ
abcdefghijklmnopqrstuvwxyz 1234567890

ABCDEFGHIJKLMNO
PQRSTUVWXYZ
abcdefghijklmnopqrstuvwxyz
1234567890

ABCDEFGHIJKLMNOPQRSTUVWXYZ
abcdefghijklmnopqrstuvwxyz & 1234567890

JUVAT INSANIRE
INTERDUM

Någon gång kan det vara skönt att slå sig lös

Sometimes it's good to brake away

ABCDEFGHIJKLMNO PQRSTUVWXYZ

abcdefghijklmnopqrstuvwxyz

11234567890

ABCDEFGHIJKLMNOPQRSTUVWXYZ
abcdefghijklmnopqrstuvwxyz 1234567890

Garaldus 48· *Garaldus 24·* NEBIOLO, *Aldo Novarese 1957*

ABCDEFGHIJKLMNO
PQRSTUVWXYZ
abcdefghijklmnopqrstuvwxyz
1234567890

ABCDEFGHIJKLMNOPQRSTUVWXYZ
abcdefghijklmnopqrstuvwxyz 1234567890

ABCDEFGHIJKLMNO
PQRSTUVWXYZ
abcdefghijklmnopqrstuvw
12345 xyz 67890

ABCDEFGHIJKLMNOPQRSTUVWXYZ

abcdefghijklmnopqrstuvwxyz   1234567890

Diethelm-Antiqua 48·   *Diethelm-Antiqua 20·*   HAAS

ABCDEFGHIJKLMNO
PQRSTUVWXYZ

abcdefghijklmnopqrstuvwxyz

12345 & 67890

ABCDEFGHIJKLMNOPQRSTUVWXYZ
abcdefghijklmnopqrstuvwxyz & 1234567890

Janson 48· *Janson 28·* STEMPEL, *Anton Janson 1659*

ABCDEFGHIJKLMNO
PQRSTUVWXYZ
abcdefghijklmnopqrstuvwxyz
1234567890 1234567890

Karl-Erik Forsberg: Bokstavsteckning är en tyst konst, som omhuldas av
en liten klick besatta människor. Att bokstaven i sig själv har ett skönhetsvärde
angår endast dessa utövare. Någon gång kan det vara skönt att ändå få framträda
för bokstavens egen skull - det kan inte vara till större skada
och knappast till så stor skada som det tryckta ordet ibland kan vålla.

ABCDEFGHIJKLMNO
PQRSTUVWXYZ
abcdefghijklmnopqrstuvwxyz
1234567890

ABCDEFGHIJKLMNOPQRSTUVWXYZ

abcdefghijklmnopqrstuvwxyz 1234567890

Kumlien 48· *Kumlien 24·* KLINGSPOR, *Akke Kumlien 1945*

ABCDEFGHIJKLMNO
PQRSTUVWXYZ

abcdefghijklmnopqrstuvwxyz

1234567890

*

ABCDEFGHIJKLMNOPQRSTUVWXYZ

abcdefghijklmnopqrstuvwxyz 1234567890

Palatino 48· *Palatino 24·* STEMPEL, *Hermann Zapf 1950*

A B C D E F G H I J K L M

Typographie ist im Grunde zweidimensionale Architektur.

Die Harmonie der einzelnen Proportionen, die Gruppierung der Schriftzeilen, das Abwägen

von Kontrast und Ausgleich, die Symmetrie wie die dynamische Spannung der anaxialen Anordnung

sind Gestaltungsmittel, die der Typograph je nach der gestellten Aufgabe so anzuwenden hat,

daß der Text dem Leser in der ansprechendsten Form vermittelt wird. Seiner Phantasie

sind nur durch die Gesetzmäßigkeit des Materials und der stilgeschichtlichen

Bindungen der Formen Grenzen gesetzt.

HERMANN ZAPF

N O P Q R S T U V W X Y Z

ABC
DEFGHIJKLLM
NOPQRRSTU
VVWXYZZ

Ariadne   STEMPEL, *Gudrun Zapf-von Hesse 1954*

ABCDEF

GHIJKLMNOPQRSTUVWXYZ

abcdefghijklmnopqrstuvwxyz

1234567890 ₵ 1234567890

ABCDEFGHIJKLMNOPQRSTUVW

XYZ

abcdefghijklmnopqrstuvwxyz

ABCDEFGHIJKLMNO
PQRSTUVWXYZ
abcdefghijklmnopqrstuvwxyz
1234567890

ABCDEFGHIJJKLMNOPQRSTUVWXYZ
abcdefghijklmnopqrstuvwxyz1234567890

Weissantikva 48· *Weissantikva 28·* BAUERSCHE GIESSEREI, *E. R. Weiss 1926*

ABCDEFGHIJKLMNO
PQRSTUVWXYZ
abcdefghijklmnopqrstuvwxyz
1234567890

ABCDEFGHIJKLMNOPQRSTUVWXYZ
abcdefghijklmnopqrstuvwxyz1234567890

ABCDEFGHIJK
LMNOPQRSTUVWXYZ
abcdefghijklmnopqrstuvwxyz
1234567890

ABCDEFGHIJKLMNOPQRSTUVWXYZ

abcdefghijklmnopqrstuvwxyz 1234567890

Trajanus 48· *Trajanus 24·* STEMPEL, *Warren Chappell 1939*

ABCDEFGHIJKLMNO
PQRSTUVWXYZ
abcdefghijklmnopqrstuvw
xyz&1234567890

ABCDEFGHIJKLMNOPQRSTUVWXYZ
abcdefghijklmnopqrstuvwxyz&1234567890
ABCDEGFMNPRTVWaekmntvwz

ABCDEFGHIJKLM
NOPQRSTUVWXYZ
12345 & 67890
abcdefghijklmnopqr
stuvwxyz

Trump-Mediäval Fett 48· WEBER, *Georg Trump 1957*

ABCDEFGHIJKLM
NOPQRSTUVWXYZ

12345 & 67890

abcdefghijklmnopqr
stuvwxyz

ABCDEFGHIJKLMNOPQRSTUVWXYZ

1234567890

abcdefghijklmnopqrstuvwxyz&dgs

ABCDEFGHIJKLMNOPQRSTUVWXYZ

1234567890

abcdefghijklmnopqrstuvwxyz&dgs

Delphin 36· WEBER, *Georg Trump 1950* Delphin II 28· WEBER, *Georg Trump 1953*

ALBERTINA ROMAN AND ITALIC
DESIGNED BY CHRIS BRAND

abcdefghijklmnopqrstuvwxyz
fiflffffifflßijæœäçèéôöüü
1234567890?!&†‡:;-''—/–§[]()»«*£$1234567890
ABCDEFGHIJKLMNOPQRSTUVWXYZÆŒ
ABCDEFGHIJKLMNOPQRSTUVWXYZÆŒ

abcdefghijklmnopqrstuvwxyz
fiflffffifflßijæœç
1234567890?!&†‡:,;''§[]()»«1234567890
ABCDEFGHIJKLMNOPQRSTUVWXYZÆŒ

ABCDEFGHIJKLMNO

12345 PQRSTUVWXYZ 67890

abcdefghijklmnopqrstuvwxyz

ABCDEFGHIJKLMNO

12345 PQRSTUVWXYZ 67890

abcdefghijklmnopqrstuvwxyz

Eusebius 48· LUDLOW, *Ernst Detterer 1924*   *Eusebius 48·* LUDLOW, *R. Hunter Middleton 1929*

ABCDEFG
HIJKLMNOPQRST
UVWXYZ

12345 abcdefghijk 67890
lmnopqrstuvwxyz

ABCDEFGHIJKLMNO
PQRSTUVWXYZ
1234567890
abcdefghijklmnop
qrstuvwxyz

Dominante 48· LUDWIG & MAYER, *Hans Schweitzer*

ABCDEFGHIJKLMNO PQRSTUVWXYZ
abcdefghijklmnopqrstuvwxyz
1234567890

ABCDEFGHIJKLMNOPQRSTUVWXYZ

1234567890

abcdefghijklmnopqrstuvwxyz

ABCDEFGHIJKLMNO PQRSTUVWXYZ
abcdefghijklmnopqrstuvwxyz
1234567890

ABCDEFGHIJKLMNOPQRSTUVWXYZ

abcdefghijklmnopqrstuvwxyz1234567890

Menhart 48· *Menhart 24·* BAUERSCHE GIESSEREI, *Oldrich Menhart 1938*

ABCDEFGHIJKLMNO
PQRSTUVWXYZ
abcdefghijklmnopqrstuvwxyz
1234567890

ABCDEFGHIJKLMNOPQRSTUVWXYZ
abcdefghijklmnopqrstuvwxyz 1234567890

ABC

DEFGHIJKLMNOPQRSTUVWXYZ

abcdefghijklmnopqrstuvwxyz 1234567890

---

abcdefghijklmnopqrstuvwxyz 1234567890

ABCDEFGHIJKLMNOPQRSTUVW

XYZ

ABCDEFGHIJKLMNO PQRSTUVWXYZ

abcdefghijklmnopqrstuvwxyz

1234567890

ABCDEFGHIJKLMNOPQRSTUVWXYZ

abcdefghijklmnopqrstuvwxyz 1234567890

ABCDEF
GHIJKLMNOPQRSTUVWXYZ
abcdefghijklmnopqrstuvwxyz
1234567890

ABCDEFGHIJKLMNOPQRSTUVWXYZ
abcdefghijklmnopqrstuvwxyz 1234567890

Athenæum 36· *Athenæum 28·* NEBIOLO, *Alessandro Butti 1945*

ABCDEFGHIJKLMNOPQRSTUVWXYZ
12345 abcdefghijklmnopqrstuvwxyz 67890
ABCDEFGHIJKLMNOPQRSTUVWXYZ

ABCDEFGHIJKLMNOPQRSTUVWXYZ
12345 *abcdefghijklmnopqrstuvwxyz* 67890
ABCDEFGHIJKLMNOPQRSTUVWXYZ

Juliana 12· LINOTYPE, *London, S. L. Hartz 1958*

ABCDEFGHIJKLMNOPQRSTUVWXYZ
12345 abcdefghijklmnopqrstuvwxyz 67890

Emergo 12· ENSCHEDÉ, *S. L. Hartz 1946*

ABCDEFGHIJKLMNOPQRSTUVWXYZ
abcdefghijklmnopqrstuvwxyz 1234567890

ABCDEFGHIJKLMNOPQRSTUVWXYZ 1234567890

ABCDEFGHIJKLMNOPQRSTUVWXYZ
abcdefghijklmnopqrstuvwxyz 1234567890

ABCDEFGHIJKLMNOPQRSTUVWXYZ
abcdefghijklmnopqrstuvwxyz 1234567890

ABCDEFGHIJKLMNOPQRSTUVWXYZ 1234567890

ABCDEFGHIJKLMNOPQRSTUVWXYZ
abcdefghijklmnopqrstuvwxyz 1234567890

ABCDEFGHIJKLMNOPQRSTUVWXYZ
abcdefghijklmnopqrstuvwxyz 1234567890
ABCDEFGHIJKLMNOPQRSTUVWXYZ 1234567890

ABCDEFGHIJKLMNOPQRSTUVWXYZ
abcdefghijklmnopqrstuvwxyz 1234567890
abcdefghijklmnopqrstuvwxyz 1234567890

ABCDEFGHIJKLM
NOPQRSTUVWXYZ
1234567890
abcdefghijklmnopqrs
12345 tuvwxyz 67890

Dartmouth *Will Carter*

ABCDEFGIHJKLMN QPRSTUVWXYZ

---

abcdefghijklmnopqrstuv
12345 w&xyz 6789

ABCDEF
GHIJKLM
NOPQURS
TVWXYZ

Dartmouth Titling   *Will Carter 1964*

DIMIDIUM FACTI QUI COEPIT HABET

ABCDEFGHIJKLMNO
PQQuRSTUVWXYZ

abcdefghijklmnopqrstuvwxyz

1234567890

ABCDEFGHIJKLMNOPQQuRSTUVWXYZ
ABCDEFGHIJKLMNOPQQuRSTUVWXYZ
abcdefghijklmnopqrstuvwxyz 1234567890

ABCDEFGHIJKLMNO
PQRSTUVWXYZ

abcdefghijklmnopqrstuvvxyz

1234567890

Es ist eine Sprache, die alle Menschen verstehen;

diese ist, gebrauche deine Kräfte. Wenn jeder mit seiner ganzen Kraft wirkt,

so kann er dem anderen nicht verborgen bleiben.

ABCDEFGHIJKLMNO
PQRSTUVWXYZ
abcdefghijklmnopqrstuvw
12345 xyz 67890

ABCDEFGHIJKLMNOPQRSTUVWXYZ
abcdefghijklmnopqrstuvwxyz 1234567890

De Roos 60· *De Roos 28·* TYPEFOUNDRY AMSTERDAM, *S.H. de Roos 1948*

ABCDEFGH

IJKLMNOPQRSTUVWXYZ

abcdefghijklmnopqrstuvwxyz

1234567890 1234567890

ABCDEFGHIJKLMNOPQ
RSTUVWXYZ

Det är min övertygelse att studier i bokstavskonsten är den största kraftkällan för en bokkonstnär.

Akke Kumlien

ABCDEFGH
IJKLMNOPQRSTUVWXYZ
abcdefghijklmnopqrstuvwxyz
1234567890 1234567890

ABCDEFGHIJKLMNOPQRS
TUVWXYZ 1234567890

Skriften är nyckeln till vår kultur. Den kan också vara en dyrk till vårt hjärta.

Bror Zachrisson

Romulus 36· Romulus Open Capitalen 36/28· *Romulus 16·* ENSCHEDÉ, *Jan van Krimpen 1931*

ABCDEFGHIJKLM NOPQRSTUVWXYZ

Romulus 60· ENSCHEDÉ, *Jan van Krimpen 1931*

The letters have fascinated me from the very first time I saw a picture
of a Roman inscription. Make them 'pictures of things' instead of the 'things'
they are, according to Eric Gill, and their meaning is lost and they become
just as stupid as ornament that has lost its sense. Jan van Krimpen

Cancelleresca Bastarda 16· Enschedé, Jan van Krimpen 1935

DONEC ERIS FELIX, MULTOS
NUMERABIS AMICOS
TEMPORA SI FUERINT NUBILA
SOLUS ERIS * OVIDIUS

*Så länge du är lycklig, skall du räkna många vänner;
om tiderna blir molnhöljda, skall du bli ensam.*

ABCDEFGHIJKLMNO
PQRSTUVWXYZ
abcdefghijklmnopqrstuvwxyz
12345 1234567890 67890

ABCDEFGHIJKLMNOPQRSTUVWXYZ
abcdefghijklmnopqrstuvwxyz 1234567890

ABCDEFGH
IJKLMNOPQRSTUVWXYZ
abcdefghijklmnopqrstuvwxyz

1234567890

Lose an hour in the morning and you will be all day hunting for it

RICHARD WHATELY

Perpetua 48· MONOTYPE, *Eric Gill 1929*

ABCDEFGH
IJKLMNOPQRSTUVWXYZ
abcdefghijklmnopqrstuvwxyz
1234567890

Förspill en timma på morgonen

och du skall jaga efter den hela dagen

RICHARD WHATELY

ABCDEFGHIJKLMNOP QRSTUVWXYZ abcdefghijklmnopqrstuvw 12345 xyz 67890

Perpetua Bold 48· MONOTYPE, *Eric Gill 1936*

Eric Gill : Letters are things, not pictures of things

Lettering is a precise art and strictly subject to tradition. The 'New Art' notion that you can make letters whatever shapes you like, is as foolish as the notion, if anyone has such a notion, that you can make houses any shapes you like. You can't, unless you live all by yourself on a desert island ...

ABC
DEFGHIJKLMN
OPQRSTUVW
XYZ

ABCDEFGHIJKLMNO
12345 PQRSTUVWXYZ 67890
abcdefghijklmnopqrstuvwxyz

ABCDEFGHIJKLMNO
12345 PQRSTUVWXYZ 67890
abcdefghijklmnopqrstuvwxyz

Times New Roman [427] 36·   Times New Roman [327] 36·   MONOTYPE, *Stanley Morison 1932*

ABCDEFGHIJKLMNOPQR

TYPOGRAPHY

may be defined as the craft of rightly disposing printing material in accordance with specific purpose; of so arranging the letters, distributing the space and controlling the type as to aid to the maximum the reader's comprehension of the text. Typography is the efficient means to an essentially utilitarian and only accidentally æsthetic end, for the enjoyment of patterns is rarely the reader's chief aim. Therefore, any disposition of printing material which, whatever the intention, has the effect of coming between author and reader is wrong.

STANLEY MORISON

Times New Roman

ABCDEFGHIJKLMN OPQRSTUVWXYZ abcdefghijklmnopqrstuvw 12345 xyz 67890

ABCDEFGHIJKLMNOPQRSTUVWXYZ 1234567890

abcdefghijklmnopqrstuvwxyz ✳ *abcdefghijklmnopqrstuvwxyz*

ABCDEFGHIJKLMNOPQRSTUVWXYZ 1234567890

ABCDEFGHIJKLMNO PQRSTUVWXYZ

abcdefghijklmnopqrstuvwxyz

1234567890

ABCDEFGHIJKLMNOPQRSTUVWXYZ

abcdefghijklmnopqrstuvwxyz   1234567890

méridien

ABCDEFGHIJKLMNO
PQRSTUVWXYZ
abcdefghijklmnopqrstuvw
12345 xyz 67890

Après les choses qui sont de première nécessité pour la vie,
rien n'est plus précieux que les livres.

FOURNIER

Méridien 36· DEBERNY & PEIGNOT, *Adrian Frutiger 1957*

ABCDEFGHIJKLMNO
PQRSTUVWXYZ
abcdefghijklmnopqrstuvw
12345 xyz 67890

ABCDEFGHIJKLMNOPQRSTUVWXYZ

abcdefghijklmnopqrstuvwxyz 1234567890

ABCDEFGHIJKLMNOPQRSTUVWXYZ
abcdefghijklmnopqrstuvwxyz 1234567890

ABCDEFGHIJKLMNO
PQRSTUVWXYZ
1234567890
abcdefghijklmnopqrstuvwxyz

ABCDEFGHIJKLMNOPQRSTUVWXYZ
abcdefghijklmnopqrstuvwxyz 1234567890

ABCDEFGHIJKLMNOPQRSTUVWXYZ

abcdefghijklmnopqrstuvwxyz 1234567890

※

ABCDEFGHIJKLMNOPQRSTUVWXYZ

abcdefghijklmnopqrstuvwxyz 1234567890

※

Valter Falk: Boktryckarkonsten är källan till praktiskt taget all mänsklig odling.
Den förutan hade de oerhörda framstegen inom vetenskap och teknik inte varit möjliga. Men ej heller
boktryckarkonsten, som vi känner den, var möjlig utan uppfinningen av stilgjutningskonsten.
Det är denna som är Gutenbergs storhet.

ABCDEFGHIJKLMNO
PQRSTUVWXYZ

abcdefghijklmnopqrstuvwxyz

1234567890

✳

Das Grösseste ist das Alphabet, denn alle Weisheit steckt darin. Aber nur der
erkennt den Sinn, der es recht zusammenzusetzen versteht. E. Geibel

ABCDEFGHIJKLMNO
PQRSTUUVWXYZ

Klang

abcdefghijklmnopqrstuvw
12345 xyz 67890

ABCDEFGHIJKLMMNN
OPQRSTUVWXYZ
abcdefghijklmnopqrstuvwxyz
1234567890

ABCDEFGHIJKLMNOPQRSTUVWXYZ
abcdefghijklmnopqrstuvwxyz 1234567890

Optima 48· *Optima 24·* STEMPEL, *Hermann Zapf 1958*

ABCDEFGHIJK
LMNOPQRSTUVWXYZ
abcdefghijklmnopqrstuvwxyz
1234567890

Omne tulit punctum, qui miscuit untile dulci
Horatius

ABCDEFGHIJKLMNO PQRSTUVWXYZ & abcdefgghijklmnopqrstuvw 12345 xyz 67890

Naast de technische en practische factoren is het vooral ook de stijl van een tijdperk,
de heerschende vormenspraak, die zich in het karakter van de letter weerspiegelt en dit vervuld
doet zijn van het wisselenden boeiend aspect van land en tijdperk.

S.H.de Roos

ABCDEFGHIJKLMNO
PQRSTUVWXYZ
abcdefghijklmnopqrstuvw
12345 xyz 67890

ABCDEFGHIJKLMNOPQRSTUVWXYZ
abcdefghijklmnopqrstuvwxyz1234567890

ABCDEFGHIJKLM&MN
OPQRSTTUVW&WXYZ
ALBERTUS
abcdefghijklmnopqrstuvw
12345 xyz 67890

Albertus MONOTYPE, *Berthold Wolpe 1935*

ABCDEFGHIJKLMNOPQRS
TUVWXYZ
abcdefghijklmnopqrstuvwxyz
1234567890

ABCDEFGHIJKLMNOPQRS
12345 TUVWXYZ 67890
abcdefghijklmnopqrstuvwxyz

ABCDEFGHIJKLM
NOPQRSTUVWXYZ
12345 & 67890

WHEN ADAM DOLVE AND EVA SPAN
WHO WAS THEN THE GENTLEMAN

Post-Versal 48· 24· BERTHOLD, *Herbert Post 1937*

ABCDEFGHIJKLMNO
PQRSTUVWXYZ
abcdefghijklmnopqrstuvwxyz
1234567890

❋

The quick brown fox jumps over the lazy dog
ABCDEFGHIJKLMNOPQRSTUVWXYZ
abcdefghijklmnopqrstuvwxyz 1234567890

abcdefghijklmnopqrstuvwxyz 1234567890
ABCDEFGHIJKLMNOPQRSTUVWXYZ

Il faut de plus grandes vertus
pour soutenir la bonne fortune que la mauvaise

LA ROCHEFOUCAULD

Det behövs större moralisk styrka för att bära
framgången än motgången

ABCDEFGHIJKLMNOPQRSTUVWXYZ
abcdefghijklmnopqrstuvwxyz 1234567890

ABC

Amongst the several mechanic Arts that have engaged my attention, there is no one which I have pursued with so much steadiness and pleasure, as that of Letter-Founding. Having been an early admirer of the beauty of Letters, I became insensibly desirous of contributing to the perfection of them. I formed to myself Ideas of greater accuracy than had yet appeared, and have endeavoured to produce a Sett of Types according to what I conceived to be their true proportion.

John Baskerville

XYZ

ABCDEFGHIJKLMNO

PQRSTUVWXYZ

&

abcdefghijklmnopqrstuvw

12345 xyz 67890

Baskerville 48· STEPHENSON BLAKE

ABCDEFGHIJK
LMNOPQRSTUVWXYZ
abcdefghijklmnopqrstuvwxyz
1234567890

ABCDEFGHIJKLMNOPQRSTUVWXYZ

abcdefghijklmnopqrstuvwxyz 1234567890

ABCDEFGHIJ
KLMNOPQRSTUVWXYZ

abcdefghijklmnopqrstuvwxyz

1234567890

ABCDEFGHIJKLMNOPQRSTUVWXYZ

abcdefghijklmnopqrstuvwxyz 1234567890

ABCDEFGHIJKLMNOPQRSTUVWXYZ

abcdefghijklmnopqrstuvwxyz 1234567890

Cochin 36· *Cochin 24·* MONOTYPE, *Georges Peignot 1912*   Moreau 24· DEBERNY & PEIGNOT, *Georges Peignot 1912*

ABCDEFGHIJ KLMNOPQRSTUVWXYZ

abcdefghijklmnopqrstuvwxyz

1234567890

ABCDEFGHIJKLMNOPQRSTUVWXYZ

abcdefghijklmnopqrstuvwxyz 1234567890

ABCDEFGHIJKLMNOPQRSTUVWXYZ

1234567890

ABCDEFGHIJKLMNO
PQRSTUVWXYZ
abcdefghijklmnopqrstuvwxyz
1234567890

ABCDEFGHIJKLMNOPQRSTUVWXYZ
abcdefghijklmnopqrstuvwxyz 1234567890

ABCDEFGHI
JKLMNOPQRSTUVWXYZ
1234567890
abcdefghijklmnopqrstuvwxyz

AABCDEFGHIJKLMNOPQRSTUVWXYZ

abcdefghhijklmnopqrstuvwxyz 1234567890

ABCDEFGHIJKLMNO
PQRSTUVW&XYZ
abcdefghijklmnopqrstuvwxyz
1234567890 *1234567890*
abcdefghijklmnopqrstuvwxyz
ABCDEFGHIJKLMNO
PQRSTUVW&XYZ

Century AMERICAN TYPE FOUNDERS, *L.B.Benton*

ABCDEFGHIJKLMNO
PQRSTUVWXYZ
abcdefghijklmnopqrstuvwxyz
1234567890 & *1234567890*
abcdefghijklmnopqrstuvwxyz
ABCDEFGHIJKLMNO
PQRSTUVWXYZ

ABCDEFGHIJKLMNO
PQRSTUVWXYZ
abcdefghijklmnopqrstuvwxyz
1234567890 * *1234567890*

abcdefghijklmnopqrstuvwxyz
ABCDEFGHIJKLMNO
PQRSTUVWXYZ

Bodoni 36· *Bodoni 36·* BAUERSCHE GIESSEREI

ABCDEFGHIJKLM
NOPQRSTUVWXYZ
1234567890

ABCDEFGHIJKLMNOP
QRSTUVWXYZ
1234567890

Bodoni Initialen 48/36· BAUERSCHE GIESSEREI   Lichte Empiriana 40· GRAFOTECHNA   167

ABCDEFGHIJKLMNO
PQRSTUVWYXZ
abcdefghijklmnopqrsßtuvw
12345 xyz 67890

ABCDEFGHIJKLMNOPQRSTUVWXYZ
abcdefghijklmnoprsßtuvwxyz 1234567890

ABCDEFGHIJKLMNO
PQRSTUVW&XYZ

abcdefghijklmnopqrstuvw

12345 xyz 67890

Accipere quam facere injuriam praestat. Cicero

ABCDEFGHIJKLMNOPQRSTUVWXYZ

abcdefghijklmnopqrstuvwxyz&1234567890

ABCDEFGHIJKLMNO
12345 PQRSTUVWXYZ 67890
abcdefghijklmnopqrstuvwxyz

Bokstäverna får sitt sanna behag inte när de skrivas i brådska
och med olust, inte heller när de kommer till blott genom flit och möda,
utan först då de skapas i kärlek och glädje. Giambattista Bodoni

ABCDEFGHIJKLMNOPQRSTUVWXYZÅÄÖ
abcdefghijklmnopqrstuvwxyzåäö 1234567890

ABCDEFGHIJKLMNO
PQRSTUVWXYZ
abcdefghijklmnopqrstuvwxyz
1234567890

Die Buchdruckerei ist eine so edle und nützliche Kunst, daß man bei denen, welche sie ausüben, einen gewissen Grad von Kultur voraussetzen sollte.

JOHANN FRIEDRICH UNGER

A love of letters

is the beginning of typographical wisdom. That is, the love of letters as literature and the love of letters as physical entities, having abstract beauty of their own, apart from the ideas they may express or the emotions they may evoke.

JOHN R. BIGGS

ABCDEFGHIJKLMNO
PQRSTUVWXYZ
abcdefghijklmnopqrstuvw
12345 xyz 67890

ABCDEFGHIJKLMNOPQRSTUVWXYZ

abcdefghijklmnopqrstuvwxyz 1234567890

ABCDEF GHIJKLMNOPQRSTUVWXYZ

abcdefghijklmnopqrstuvwxyz

1234567890

❈

ABCDEFGHIJKLMNOPQRSTUVWXYZ

abcdefghijklmnopqrstuvwxyz 1234567890

Egmont 36· *Egmont 24·* TYPEFOUNDRY AMSTERDAM, *S. H. de Roos 1933*

ABCDEFGHIJKLMNOPQRS
12345 TUVWXYZ 67890

ABCDEFGHIJKLMNOPQRS
12345 TUVWXYZ 67890

✳

Typografien är för övrigt en sällsamt intressant konstart, där uppgifterna liksom bitarna i ett kaleidoskop alltid te sig olika. Den som något sysslat med dessa uppgifter har säkert mer än en gång häpnat över de relativt många möjligheterna inom ett så till synes begränsat område.

Egmont Vet 36· Egmont Open Capitalen 36· *Egmont 16*· TYPEFOUNDRY AMSTERDAM, *S. H. de Roos 1934*

ABCDEFGHIJKLMNO
PQRSTUVWXYZ
abcdefghijklmnopqrstuvwxyz
1234567890

ABCDEFGHIJKLMNOPQRSTUVWXYZ

abcdefghijklmnopqrstuvwxyz1234567890

ABCDEFGHIJKLMNO PQRSTUVWXYZ

abcdefghijklmnopqrstuvwxyz

1234567890

ABCDEFGHIJKLMNOPQRSTUVWXYZ

abcdefghijklmnopqrstuvwxyz 1234567890

ABCDEFGHIJK
LMNOPQRSTUVW
XYZ

abcdefghijklmnop
qrstuvwxyz
1234 5 & 67890

Promotor 48· TYPEFOUNDRY AMSTERDAM, *L.H.D. Smit 1960*

ABCDEFGHIJK
LMNOPQRSTUVW
XYZ

abcdefghijklmnop
qrstuvwxyz
12345 & 67890

ABCDE
FGHIJKLMNO
PQRSTUVWXYZ
1234567890
abcdefghijklmnop
qrstuvwxyz

Fette Antiqua 48· BAUERSCHE GIESSEREI, *Joh. Christian Bauer c. 1850*

ABCDE
FGHIJKLMNO
PQRSTUVWXYZ
1234567890
abcdefghijklmnop
qrstuvwxyz

Fette Antiqua 48· BAUERSCHE GIESSEREI, *Joh. Christian Bauer c. 1850*   181

ABCDEFGHIJKLMNOP
QRSTUVWXYZ
abcdefghijklmnopqrstuvw
12345 xyz 67890

ABCDEFGHIJKLMNOP
QRSTUVWXYZ
abcdefghijklmnopqrstuvw
12345 xyz 67890

Falstaff 36· *Falstaff 36·* MONOTYPE, c. 1935

ABCDEFGHIJKLMNOP
QRSTUVWXYZ
abcdefghijklmnopqrstuvw
12345 xyz 67890

ABCDEFGHIJKLMNOP
QRSTUVWXYZ
abcdefghijklmnopqrstuvw
12345 xyz 67890

ABCDEFGHIJKLMNOPQRSTUVWXYZ
12345 & 67890
abcdefghijklmnopqrstuvwxyz

ABCDEFGHIJKLMNOPQRSTUVWXYZ
12345 & 67890
abcdefghijklmnopqrstuvwxyz

Quirinus 36· *Quirinus 36·* NEBIOLO, *Alessandro Butti 1940*

ABCDEFGHIJKLM
NOPQRSTUVWXYZ
1234567890
abcdefghijklmnop
qrstuvwxyz

Quirinus Bold 60· NEBIOLO, *Alessandro Butti 1940*

* ABCDEF *

GHIJKLMNOPQRSTUVWXYZ

abcdefghijklmnopqrstuvwxyz

1234567890

Arsis 72· TYPEFOUNDRY AMSTERDAM, *Gerry Powell 1937*

* A B C D E F *

G H I J K L M N O P Q R S T U V W X Y Z

abcdefghijklmnopqrstuvwxyz

1234567890

Amati 60· WEBER, *Georg Trump 1951*

ABCDEFGHIJKLMNO
PQRSTUVWXYZ 1234567890
abcdefghijklmnopqrstuvwxyz

ABCDEFGHIJKLMNOPQRSTUVWXYZ

Ideal 60· HAAS 1941   Vertical 36· HAAS 1955

ACBDEFG
HIJKSMN
OPVRUØÆ
YZXQTLW

ABCDEF
GHIJKLMNOP
QRSTUVWXYZ
1234567890

Verdi 48· BAUERSCHE GIESSEREI, *Konrad F. Bauer & Walter Baum 1957*

A B C D E F

G H I J K L M N O P Q R S

T U V W X Y Z

1 2 3 4 5 & 6 7 8 9 0

Regina 60· BERTHOLD, *1954*

ABCDEF
GHIJKLMNOP
QRSTUVW
XYZ

Georgian Initials   AMERICAN TYPE FOUNDERS

ABCDEFGHIJKLMNO
12345 PRSTUVWXYZ 67890

Kardinal 16· WAGNER

ABCDEFGHIJKLMN
OPQRSTUVWXYZ

Fry's Ornamented 36· STEPHENSON BLAKE

ABCDEFGHIJKLMNOPQRSTUVW
12345 XYZ 67890
abcdefghijklmnopqrstuvwxyz

Extended 3, 24· STEVENS SHANKS

A B C D E F G

O P Q R S T

Decorated Capitals

H I J K L M N
U V W X Y Z

ABCDEFGHIJKLMN
OPQRSTUVWXYZ

NULLA DIES

Ingen dag utan en linje / *No day without a line drawn* / APELLES

SINE LINEA

A B C
D E F G H I J K L M N O
P Q R S T U V W X Y Z
1 2 3 4 5 6 7 8 9 0

A B C D E F G H I J K L M
N O P Q R S T U V W X Y Z
1 2 3 4 5 6 7 8 9 0

ABCDEFGHIJKLMN
OPQRSTUVWXYZ
abcdefgh
ijklmnopqrstuvwxyz
1234567890

Chisel 60· STEPHENSON BLAKE *1939* Bavo 60· ENSCHEDÉ

ABCDEFGHIJKLMN
OPQRSTUVWXYZ
abcdefghijklmnopqr
1234 stuvwxyz 5678

ABCDEFGHIJKLMN
OPQRSTUVWXYZ
abcdefghijklmnopqr
1234 stuvwxyz 5678

Chisel Wide 24· STEPHENSON BLAKE *1956* Wide Latin 24· STEPHENSON BLAKE

ABCDEFGHIJKLM
NOPQRSTUVWXYZ
abcdefghijklmnopqrs
tuvwxyz
1234567890

Kompakt 48· STEMPEL, *Hermann Zapf 1954*

ABCDEFGHIJKLMNO
PQRSTUVWXYZ
abcdefghijklmnopqrstuvw
12345 xyz 67890

ABCDEFGHIJKLMNOPQRSTUVWXYZ
abcdefghijklmnopqrstuvwxyz 1234567890

ABCDEFGHIJKLMN

OPQRSTUVWXYZ

abcdefgh

ijklmnopqrstuvwxyz

1234567890

Volta Mager 48· BAUERSCHE GIESSEREI, *Konrad F. Bauer & Walter Baum 1956*

ABCDEFGHIJKLMNO
PQRSTUVWXYZ
abcdefghijklmnopqrstuvwxyz
1234567890

ABCDEFGHIJKLMNO
PQRSTUVWXYZ
abcdefghijklmnopqrstuvwxyz
1234567890

ABCDEFGHIJKLMNOP
QRSTUV W
XYZ

abcdefghijklmnopqrstuv
1234567890 w xyz

ABCDEFGHIJKLMN
OPQRSTUVW XYZ

BCDEFGHIJKLMNOPQRSTUVWXYZ
234567890 abcdefghijklmnopqrstuvwxyz

1234567890 abcdefgh
ijklmnopqrstuvw xyz

ABCDEFGHIJKLMNO
PQRSTUVWXYZ
abcdefghijklmnopqrstuvwxyz
1234567890

Egizio 36· *Egizio 36·* NEBIOLO, *Aldo Novarese & Alessandro Butti 1953*

ABCDEFGHIJKLMNO
PQRSTUVWXYZ
abcdefghijklmnopqrstuvwxyz
1234567890

ABCDEFGHIJKLMNO
PQRSTUVWXYZ
abcdefghijklmnopqrstuvwxyz
1234567890

Egizio Nera 36· *Egizio Nera 36·* NEBIOLO, *Aldo Novarese & Alessandro Butti 1953*

ABCDEFGHIJKLMNO
PQRSTUVWXYZ
abcdefghijklmnopqrstuvwxyz
1234567890

ABCDEFGHIJKLMNOP
QRSTUVWXYZ
abcdefghijklmnopqrstuvwxyz 1234567890

*

abcdefghijklmnopqrstuvwxyz
1234567890
ABCDEFGHIJKLMNOP
QRSTUVWXYZ

Schadow 28· Schadow Halbfett 28· WEBER, *Georg Trump 1937, 1938*

ABCDEFGHIJKLMNOPQR STUVWXYZ
abcdefghijklmnopqrstuvw
12345 xyz 67890

Allem Leben, aller Kunst muß das Handwerk vorausgehen,
das nur in der Beschränkung erworben wird.
Eines recht wissen und ausüben gibt höhere Bildung
als Halbheit im Hundertfältigen.

ABCDEFGHIJKL
MNOPQRSTUVWXYZ

LIEBE HERRSCHT NICHT, ABER SIE BILDET,
UND DAS IST MEHR

1234567890

ABC
DEFGHIJKLM
NOPQRSTUVW
XYZ
1234567890

Superba Illustra HAAS

ABCDEFGHIJ
KLMNOPQRSTUVWXYZ
1234567890

ABCDEFGHIJ
KLMNOPQRSTUVWXYZ
1234567890

Duo Licht 36· Duo Dunkel 36· STEMPEL, *Alfred Finsterer 1954*

ABCDEFGH

IJKLMNOPQR

STUVWXYZ

ABCDEFGHIJKKLMNOP
QRRSTUVWXYZÅÄÖ
12345 åäö 67890
abcdefghijklmnopqrstuvwxyz

Cujusvis homines est errere;
nullius nisi insipientis in errore
perseverare. Cicero

Beton extrafett 36· 28· BAUERSCHE GIESSEREI, *Heinrich Jost 1931*

ABCDEF

GHIJKLMNOP

QRSTUVWXYZ

abcdefghijklmn

opqrstuvwxyz

1234567890

Egyptienne 48. TYPEFOUNDRY AMSTERDAM

ABCDEFGHI
JKLMNOPQR
STUVWXYZ
1234 5 & 67890

Stencil LUDLOW

LUDLOW STENCIL

ABCDEFGHIJKL
MNOPQRSTUVWXYZ
1234567890

Expanded Antique 18· · STEVENS SHANKS *c. 1880*

ABCDEFGHIJKLMNO
PQRSTUVWXYZ
abcdefghijklmnopqrstuvw
12345 xyz 67890

Antique 6, 36· STEVENS SHANKS *c. 1860*

ABCDEF
GHIJKLMN
OPQRSTUV
WXYZ

abcdefghijkl
mnopqrstuv
wxyz

1234567890

Egyptian Expanded 36· STEPHENSON BLAKE

ABCDEF
GHIJKLMN
OPQRSTUV
WXYZ

abcdefghijkl
mnopqrstuv
wxyz

1234567890

Egyptian Expanded Open 36· STEPHENSON BLAKE

ABCDEFGHIJKL
MNOPQRSTUVWXYZ
abcdefghijklmnopqrstuvwxyz
12345 & 67890

Playbill STEPHENSON BLAKE 1938

ABCDEFGHIJKL
MNOPQRSTUVWXYZ
1234567890

ABCDEFGHIJKLMNO
PQRSTUVWXYZ
abcdefghijklmnopqrstuvw
12345 xyz 67890

Magnet 60   LUDWIG & MAYER, *Arthur Murawski*

ABCDEFGHIJKL
MNOPQRSTUVW
12345 XYZ 67890
abcdefghijklmnop
qrstuvwxyz

ABCDEF
GHIJKLMNO
PQRSTUVW
XYZ
1234567890

Profil 60· HAAS, *Eugen Lenz 1947*

Fontanesi 60· NEBIOLO, *Aldo Novarese 1954*

ABCDEFGHI
JKLMNOPQR
STUVWXYZ
ÅÄÖ
1234567890
abcdefghijklmn
opqrstuvwxyz
åäö

ABCDEFGHI
JKLMNOPQR
STUVWXYZ
ÅÄÖ
1234567890
abcdefghijklmn
opqrstuvwxyz
åäö

Futura Mager 36· Futura Halbfett 36· BAUERSCHE GIESSEREI, *Paul Renner 1928*

ABCDEFGHIJKLMNO
PQRSTUVWXYZ
abcdefgh
ijklmnopqrstuvwxyz
1234567890

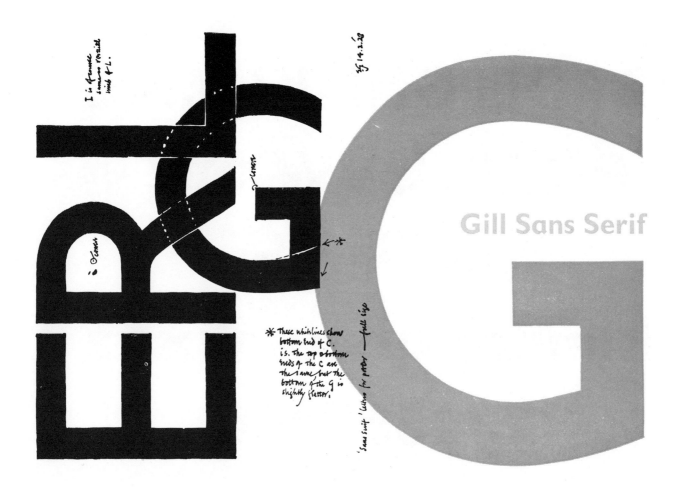

Gill Sans Serif

ABCDEFGHIJKLMNO
PQRSTUVWXYZ
abcdefghijklmnopqrstuvw
12345 xyz 67890

ABCDEFGHIJKLMNOPQRSTUVWXYZ
abcdefghijklmnopqrstuvwxyz 1234567890

Gill 48· *Gill 30·* MONOTYPE, *Eric Gill 1928*

ABCDEFGHIJKLMNO
PQRSTUVWXYZ
abcdefghijklmnoqprstuvw
12345 xyz 67890

ABCDEFGHIJKLMNOPQRSTUVWXYZ
abcdefghijklmnopqrstuvwxyz 1234567890

Gill Bold 48· *Gill Bold 30·* MONOTYPE, *Eric Gill 1928–30*

ABCDEFGHIJKLMNO
PQRSTUVWXYZ
abcdefgh
ijklmnopqrstuvwxyz
1234567890

Univers

					monde 39
	monde 45	*monde* 46	monde 47	*monde* 48	monde 49
monde 53	monde 55	*monde* 56	monde 57	*monde* 58	monde 59
monde 63	**monde** 65	***monde*** 66	**monde** 67	***monde*** 68	
monde 73	**monde** 75	***monde*** 76			
monde 83					

Numbers listed in boxes refer to different styles of Universe type.

ABCDEFGHIJKLMNO
PQRSTUVWXYZ
abcdefghijklmnopqrstu
12345 vw & xyz 67890

ABCDEFGHIJKLMNOPQRSTUVWXYZ
abcdefghijklmnopqrstuvwxyz 1234567890

ABCDEFGHIJKLMNOPQRSTUVWXYZ 1234567890
abcdefghijklmnopqrstuvwxyz

ABCDEFGHIJKLMNO PQRSTUVWXYZ

abcdefghijklmnopqrstu vw&xyz

1234567890

ABCDEFGHIJKLMNOPQRSTUVWXYZ 1234567890 abcdefghijklmnopqrstuvwxyz

Univers [65, 67] MONOTYPE   DEBERNY & PEIGNOT, *Adrian Frutiger 1958*

ABCDEFGHIJKLMNO
PQRSTUVWXYZ
abcdefghijklmnopqrstu
vwxyz
1234567890

ABCDEFGHIJKLMNOPQRSTUVWXYZ abcdefghijklmnopqrstuvwxyz 1234567890

ABCDEFGHIJKLMNO PQRSTUVWXYZ

abcdefghijklmnopqrstu 12345 vw & xyz 67890

ABCDEFGHIJKLMNO 12345 PQRSTUVWXYZ 67890 abcdefghijklmnopqrstuvwxyz

Univers [75, 76] MONOTYPE DEBERNY & PEIGNOT, *Adrian Frutiger 1958*

ABCDEFGHIJKLMNO
PQRSTUVWXYZ
abcdef
ghijklmnopqrstuvwxyz
1234567890

ABCDEFGHIJ
KLMNOPQRSTUVW
XYZ abcdef
ghijklmnopqrstuvw
xyz 1234567890

Folio Breithalbfett 48• BAUERSCHE GIESSEREI, *Konrad F. Bauer & Walter Baum 1957*

ABCDEFGHIJ
KLMNOPQRSTUVW
XYZ abcdef
ghijklmnopqrstuvw
xyz 1234567890

Folio Extra Fett 48· BAUERSCHE GIESSEREI, *Konrad F. Bauer & Walter Baum 1957*

ABCDEFGHIJKLMNO
PQRSTUVWXYZ
abcdef
ghijklmnopqrstuvwxyz
1234567890

Neue Haas Grotesk Halbfett 48· HAAS, *Max Miedinger 1957*

Adam Bertil Cesar
David Erik Filip Gustav Harald Ivar
Johan Kalle Ludvig Martin Niklas
123abcdefghijklmnopqrstuvwxyz456
Olof Petter Quintus Rudolf
Sigurd Tore Urban Viktor Wilhelm
Xerxes Yngve Zäta

ABCDEFGHIJKLMNO
PQRSTUVWXYZ
abcdefghijklmnop
qrstuvwxyz
1234567890

The letters should be designed
by an artist and not an engineer

WILLIAM MORRIS

Breite fette Normal-Grotesk 28· 20·   HAAS

ABCDEFGHIJKLMNO PQRSTUVWXYZ

abcdefghijklmnopqrstuvwxyz

1234567890

Edward Johnston:

Die wesentlichsten Eigenschaften einer angewandten Schrift

müssen Deutlichkeit, Schönheit und Charakter sein

ABC

DEFGHIJKLMNO

PQRSTUVWXYZ

abcdefghijklmnopqrstuvwxyz

1234567890

Recta, Tondo Neretto 48· NEBIOLO, *Aldo Novarese 1958*

ABC

DEFGHIJKLMNO

PQRSTUVWXYZ

abcdefghijklmnopqrstuvwxyz

1234567890

Recta, Tondo Nero 48· NEBIOLO, *Aldo Novarese 1958*

ABC
DEFGHIJKLMNO
abcdefghijklmnopqrsßtuvwxyz
PQRSTUVW
XYZ
1234567890

Permanent 48· LUDWIG & MAYER, *Karlgeorg Höfer 1962*

ABC
DEFGHIJKLMNO
abcdefghijklmnopqrsßtuvwxyz
PQRSTUVW
XYZ
1234567890

Permanent Halbfett 48· LUDWIG & MAYER, *Karlgeorg Höfer 1962*

ABCDEFGHIJKLMN 1234567890
OPQRSTUVWXYZ
abcdefghijklmnopqrsßtuvwxyz

ABCDEFGHIJKLMNOPQRSTUVWXYZ
abcdefghijklmnopqrstuvwxyz 1234567890

Permanent Breithalbfett 28· Permanent Breitmager 24· LUDWIG & MAYER, *Karlgeorg Höfer 1962*

ABCDEFGHIJ
KLMNOPQR
STUVWXYZ
abcdefgghiijklmnoppqqrstuvwxyyz
ABCDEFGHIJ
KLMNOPQR
STUVWXYZ

1234567890

1234567890

ABCDEFGHIJKLMNO
PQRSTUVWXYZ

abcdefghijk
lmnopqrstuvwxyz

1234567890

Akzidenz-Grotesk Halbfett 48· BERTHOLD

the quick brown fox jumps
over the lazy dog

ABCDEFGHIJKLMNOPQR
STUVWXYZ 1234567890

Bücher-Grotesk 72· BERTHOLD

ABCDEFGHIJKL
abcdefghijklmn
1234567890

MNOPQRSTUV & WXYZ opqrstuvwxyz

ABCDEFGHIJKLMNO
PQRSTUVWXYZ
abcdefghijklmnopqrstuvwxyz
1234567890

Steinschrift Eng 72· BERTHOLD

ABCDEFGHIJKLMNO
PQRSTUVWXYZ

abcdefghijklmnopqrstuvwxyz
1234567890

ABCDEFGHIJKLMNOPQRSTUVW
12345 XYZ 67890
abcdefghijklmnopqrstuvwxyz

*

Absque sudore et labore nullum
opus perfectum est

ABC
DEFGHIJKLMN
OPQRSTUVW
XYZ
abcdefghijklmnopqrstuvw
xyz 1234567890

ABC
DEFGHIJKLMN
OPQRSTUVW
XYZ

abcdefghijklmnopqr
stuvwxyz
1234567890

Eurostile, Tondo Neretto Largo 48· NEBIOLO, *Aldo Novarese 1962*

ABC
DEFGHIJKLMN
OPQRSTUVW
XYZ

abcdefghijklmnopqr
stuvwxyz
1234567890

Eurostile, Tondo Nero Largo 48· NEBIOLO, *Aldo Novarese 1962*

ABCDEFGHIJKLMN
OPQRSTUVW XYZ

1234567980

Microgramma, Neretta Larga 36· NEBIOLO, *Alessandro Butti 1949*

M

ABCDEFGHIJKLMN
OPQRSTUVW XYZ

1234567890

Microgramma, Nera Larga 36· NEBIOLO, *Alessandro Butti 1949*

NULLUM MAGNUM INGENIUM SINE MIXTURA DEMENTIAE FUIT

Det har aldrig funnits någon stor ande utan en smula vansinne / *All genius contains a grain of madness* / SENECA

ABCDEFGHIJKLMNOPQRSTUVWXYZ
1234567890

ABCDEFGHIJKL
MNOPQRSTUVWXYZ
1234567890

Graphique 72· HAAS, *Hermann Eidenbenz 1944*

ABC
DEFGHIJKLMN
OPQRSTUVW
XYZ
1234567890

Lichte Fette Grotesk 60· LUDWIG & MAYER, *Jakob Erbar*

ABCDEFGHIJKLMNO
12345 & 67890
PQRSTUVWXYZ

Neuland 28· KLINGSPOR, *Rudolf Koch 1923*

ABCDEFGHIJKLMNOPQRSTUVWXYZ
1234567890

ABCDEFGHIJKLMNOPQRSTUVWXYZ
1234567890

Spartan Bold 24· Spartan 24· MONOTYPE

LDANOISV
CMUKBGF
PHJESTRY

Ole Bering

ABCD
EFGHIJK
LMNOP
QRSTUV
WXYZ
&ÜÅÄÖ&

123456
7890

ABCD
EFGHIJK
LMNOP
QRSTUV
WXYZ
&ÜÅÄÖ

123456
7890

ABCDEFGHIJKLM
NOPQRSTUVWXYZ
1234567890
abcdefghijklmnop
qrstuvwxyz

ABCDEFGHIJKLM
NOPQRSTUVWXYZ
1234567890
abcdefghijklmno
pqrstuvwxyz

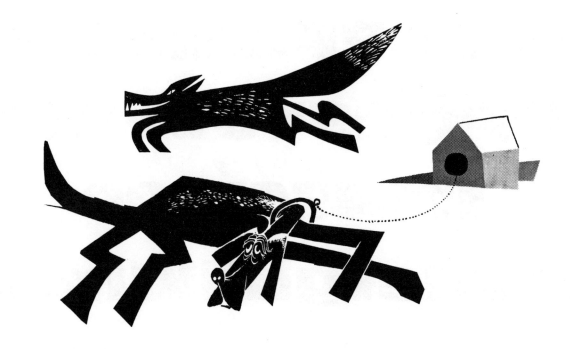

The quick brown fox jumps over the lazy dog

ABCDEF GHIJKLMNOPQRSTUVW XYZ

abcdefghijklmnopqrstuvw 12345 xyz 67890

The quick brown fox jumps over the lazy dog

ABCDEFGHIJKLMNOPQRSTUVWXYZ 1234567890

Allegro 72· 16· LUDWIG & MAYER, *Hans Bohn 1937*

ABCDEFGHIJKLM
NOPQRSTUVWXYZ
1234567890
abcdefghijklmno
pqrstuvwxyz

ABCDEFGHIJKLMNOPQRSTUVWXYZ

12345 & 67890

abcddefgghijklmnopqrsstuvwxyz

*

ABCDEFGHIJKLMNOPQRSTUVWXYZ

12345 & 67890

abcddefgghijklmnopqrsstuvwxyz

*

ABCDEFGHIJKLMNOPQRSTUVWXYZ

12345 & 67890

abcddefgghijklmnopqrsstuvwxyz

ABCDEFGHIJKLMNO

PQRSTUVWXYZ

1234567890

abcdefghijklmnop

qrsßtuvwxyz

Adam Bertil Cesar David Erik

Filip Gustaf Harald Ivar Johan

Kalle Ludwig Martin Niklas

1234567890

Olof Petter Quintus Rudolf

Sigurd Tore Urban Viktor Wilhelm

Xerxes Yngve Zäta

abcdefghijklmnopqrstuvwxyz

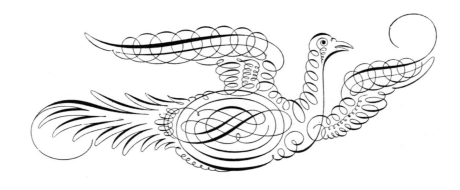

Adam Bertil Cesar David Erik Filip Gustav Harald

Ivar Johan Kalle Ludvig Martin Niklas Olof

Petter Quintus Rudolf Sigurd Tore Urban Viktor

Wilhelm Xerxes Yngve Zäta

Adam Bertil Caesar

David Erik Filip Gustav Harald Ivar

Johan Kalle Ludvig Martin Niklas

abcdefghijklmnopqrstuvwxyz 1234567890

Olof Petter Quintus Rudolf

Sigurd Tore Urban Viktor Wilhelm

Xerxes Yngve Zäta

Adam Bertil Cesar

David Erik Filip Gustaf Harald Ivar

Johan Kalle Ludwig Martin Niklas

abcdefghijklmnopqrstuvwxyz 1234567890

Olof Petter Quintus Rudolf

Sigurd Tore Urban Viktor Wilhelm

Xerxes Yngve Zäta

Virtuosa I STEMPEL, *Hermann Zapf 1953*

Adam Bertil Cesar

David Erik Filip Gustaf Harald Ivar

Johan Kalle Ludwig Martin Niklas

abcdefghijklmnopqrstuvwxyz 1234567890

Olof Petter Quintus Rudolf

Sigurd Tore Urban Viktor Wilhelm

Xerxes Yngve Zäta

Adam Bertil Cesar

David Erik Filip Gustav Harald Ivar Johan

Kalle Ludvig Martin Niklas

abcdefghijklmnopqrstuvwxyz 1234567890

Olof Petter Quintus

Rudolf Sigurd Tore Urban Viktor Wilhelm

Xerxes Yngve Zäta

Adam Bertil Cæsar David Erik Filip

Gustav Harald Ivar Johan Kalle Ludvig

Martin Niklas Olof Petter Quintus

Rudolf Sigurd Tore Urban Viktor Wilhelm

Xerxes Yngve Zäta Åke Ärlig Östen

Adam Bertil Cæsar David Erik Filip

Gustav Harald Ivar Johan Kalle Ludvig

Martin Niklas Olof Petter Quintus

Rudolf Sigurd Tore Urban Viktor Wilhelm

Xerxes Yngve Zäta

Boulevard 36· BERTHOLD, *Günter G. Lange 1953*

Adam Bertil Cæsar David Erik Filip

Gustav Harald Ivar Johan Kalle Ludvig

Martin Niklas Olof Petter Quintus

Rudolf Sigurd Tore Urban Viktor Wilhelm

Xerxes Yngve Zäta Åke Ärlig Östen

Adam Bertil Cesar

David Erik Filip Gustaf Harald Ivar

Johan Kalle Ludwig Martin Niklas

abcdefghijklmnopqrstuvwxyz

1234567890

Olof Petter Quintus Rudolf

Sigurd Tore Urban Viktor Wilhelm

Xerxes Yngve Zäta

Saltino 36· STEMPEL, *Karlgeorg Höfer 1953*

Adam Bertil Cesar David
Erik Filip Gustaf Harald Ivar
Johan Kalle Ludwig Martin Niklas

abcdefghijklmnopqrstuvwxyz 1234567890

Olof Petter Quintus Rudolf
Sigurd Tore Urban Viktor Wilhelm
Xerxes Yngve Zäta

Salto 36· STEMPEL, *Karlgeorg Höfer 1962*

287

Adam Bertil Cesar

David Erik Filip Gustaf Harald Ivar

Johan Kalle Ludwig Martin Niklas

abcddefghijklmnopqrstuvwxyz

Olof Petter Quintus Rudolf

Sigurd Tore Urban Viktor Wilhelm

12345 Xerxes Yngve Zäta 67890

Balzac STEMPEL, *Johannes Boehland 1951*

Adam Adam Bertil Cesar

David David Erik Erik Filip Gustav Harald

Ivar Johan Kalle Ludvig Ludvig Martin Martin

Niklas Olof Olof Petter Quintus Rudolf Rudolf

Sigurd Tore Urban Viktor Wilhelm

Xerxes Yngve Zäta Zäta

abcdee fghhijklmnn opqrsstuvwxyzz 1234567890

Adam Bertil Cæsar
David Erik Filip Gustav Harald
Ivar Johan Kalle Ludvig Martin
Niklas Olof Petter Quintus Rudolf
Sigurd Tore Urban Viktor Wilhelm
Xerxes Yngve Zäta

Legende 60· BAUERSCHE GIESSEREI, *Ernst Schneidler 1937*

Adam Bertil Cæsar
David Erik Filip Gustav Harald
Ivar Johan Kalle Ludvig Martin
Niklas Olof Petter Quintus Rudolf
Sigurd Tore Urban Viktor Wilhelm
Xerxes Yngve Zäta

Adam Bertil Cæsar David Erik Filip Gustav Harald

Ivar Johan Kalle Ludvig Martin Niklas Olof

Petter Quintus Rudolf Sigurd Tore Urban Viktor

Wilhelm Xerxes Yngve Zäta Åke Ärlig Östen

Reiner Script 48· TYPEFOUNDRY AMSTERDAM, *Imre Reiner 1951*

Adam Bertil Caecar David Erik Filip

Gustav Harald Ivar Johan Kalle Ludvig

Martin Niklas Olof Petter Quintus

Rudolf Sigurd Tore Urban Viktor Wilhelm

Xerxes Yngve Zäta Åke Ärlig Östen

Adam Bertil Caesar David Erik Filip

Gustav Harald Ivar Johan Kalle Ludvig

Martin Niklas Olof Petter Quintus

Rudolf Sigurd Tore Urban Viktor Wilhelm

Xerxes Yngve Zäta Åke Ärlig Östen

Mistral 36· OLIVE & TYPEFOUNDRY AMSTERDAM, *Roger Excoffon 1953*

Adam Bertil Cæsar David Erik Filip

Gustav Harald Ivar Johan Kalle Ludvig

Martin Niklas Olof Petter Quintus

Rudolf Sigurd Tore Urban Viktor Wilhelm

Xerxes Yngve Zäta Åke Ärlig Östen

Adam Bertil Caesar David
Erik Filip Gustav Harald Ivar
Johan Kalle Ludvig Martin
abcdefghijklmnopqrstuvwxyz 1234567890
Niklas Olof Petter Quintus
Rudolf Sigurd Tore Urban Viktor
Wilhelm Xerxes Yngve Zäta

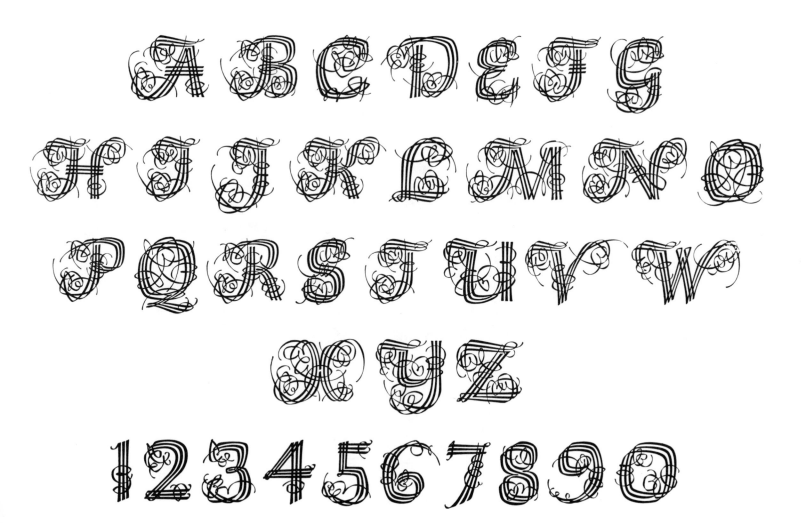

Raffia Initialen 54/60· TYPEFOUNDRY AMSTERDAM, *Henk Krijger 1952*

Constanze-Initialen 60· STEMPEL, *Joachim Romann*

ABC
DEFGHIJKLMN
OPQRSTUVW
XYZ

Among those who have scientifically studied the psychological aspects of typography is the author of the lines below. The legibility and expressiveness of the printed words are matters for experiment and study at Lärarhögskolan i Stockholm (The Stockholm School of Education) under the direction of Professor Torsten Husén, in close cooperation with Grafiska Institutet (The Institute of Graphic Art), Institutet för Högre Reklamutbildning (The College of Advertising) and Journalistinstitutet (The Institute of Journalism).

On the Legibility of Printed Text

We have gradually become aware of the fact that in this complicated world we must make it as simple as possible for ourselves to understand the many different kinds of messages on which we are dependent. Studies of these questions always involve psychology. Emotional as well as intellectual and physiological aspects of the problem must be investigated. Within typography the study of legibility from a scientific angle has long been of current interest. Above all, efforts must be made to evaluate the effect of two factors connected with the use of the types concerned. One of these consists of the atmosphere associated with a particular type face and a specific arrangement of it. The question is closely related to graphology and is often dealt with by systematics derived from this field. The other effect is the appearance of the types, size, length of line, spacing, etc., and the influence of these factors on legibility. The latter is often measured in terms of reading speed and ease of assimilation. Quantitative methods only provide an answer to part of the question, although they still point the way from haphazard procedures and accustomed routine towards a better insight of basic conditions. However, it must not be forgotten that in the end it is the creating hand that gives us beautiful as well as clear and distinct letters.

Bror Zachrisson

On the foregoing pages the printing types have generally been presented in large scale (display types). In this way it has been possible to show clearly the individual form and aesthetic qualities of each letter.

On the following pages the same piece of text has been set in several different type faces in an ordinary book fount.

Even in the running text the characteristic features of the different types naturally become evident, although in this case the overall impression is paramount.

These settings will therefore enable comparisons to be made of the legibility, character and general composition of the different type faces used here.

It was the best of times, it was the worst of times, it was the age of wisdom, it was the age of foolishness, it was the epoch of Light, it was the season of Darkness, it was the spring of hope, it was the winter of despair, we had everything before us, we had nothing before us, we were all going direct to Heaven, we were all going direct the other way—in short, the period was so far like the present period, that some of its noisiest authorities insisted on its being received, for good or for evil, in the superlative degree of comparison only.

There were a king with a large jaw and a queen with a plain face on the throne of England; there were a king with a large jaw and a queen with a fair face, on the throne of France. In both countries it was clearer than crystal to the lords of the State preserves of loaves and fishes, that things in general were settled for ever.

It was the year of Our Lord one thousand seven hundred and seventy-five. Spiritual revelations were conceded to England at that favoured period, as at this. Mrs. Southcott had recently attained her five-and-twentieth blessed

It was the best of times, it was the worst of times, it was the age of wisdom, it was the age of foolishness, it was the epoch of Light, it was the season of Darkness, it was the spring of hope, it was the winter of despair, we had everything before us, we had nothing before us, we were all going direct to Heaven, we were all going direct the other way—in short, the period was so far like the present period, that some of its noisiest

It was the best of times, it was the worst of times, it was the age of wisdom, it was the age of foolishness, it was the epoch of Light, it was the season of Darkness, it was the spring of hope, it was the winter of despair, we had everything before us, we had nothing before us, we were all going direct to Heaven, we were all going direct the other way—in short, the period was so far like the present period, that some of its noisiest authorities insisted on its being received, for good or for evil, in the superlative degree of comparison only.

There were a king with a large jaw and a queen with a plain face on the throne of England; there were a king with a large jaw and a queen with a fair face, on the throne of France. In both countries it was clearer than crystal to the lords of the State preserves of loaves and fishes, that things in general were settled for ever.

It was the year of Our Lord one thousand seven hundred and seventy-five. Spiritual revelations were conceded to England at that favoured period, as at this. Mrs. Southcott had recently attained her five-and-twentieth blessed birthday

It was the best of times, it was the worst of times, it was the age of wisdom, it was the age of foolishness, it was the epoch of Light, it was the season of Darkness, it was the spring of hope, it was the winter of despair, we had everything before us, we had nothing before us, we were all going direct to Heaven, we were all going direct the other way—in short, the period was so far like the present period, that some of its noisiest authoriti

Läsbarheten i ett nytt typsnitt skall helst bedömas av personer som står utanför typspecialisternas lilla krets. Detaljer som av fackmannen bedömes som typografiskt intressanta kan för lekmannen verka direkt störande vid konsumerandet av texten. Läsaren har en omedveten uppfattning om antikvabokstavens normalform och reagerar för varje avvikelse mot denna. Det bör därför inte finnas något originellt drag i en ny antikvabokstav, ty då skulle den i längden bli olidlig att läsa. Vår tids antikvatyper är resultatet av en mycket varsam tolkning av bokstavsformer, vilka fulländades av de venetianska boktryckarna och stämpelskärarna redan under 1400-talets slut. En typtecknare som ämnar göra en ny antikva bör därför vara utrustad med goda kunskaper om bokstavens grundform och helst veta något om de hundratals försök som genom tiderna gjorts för att överträffa denna. Han måste arbeta med otroligt snävt begränsad rörelsefrihet, där fantasin på sin höjd kan få kretsa kring en linjes svaga böjning eller jämvikten i en stapel. En ny antikvabokstav blir aldrig färdig i de första utkasten. Den kan i isolerat tillstånd vara fulländat vacker, men i samma ögonblick den ställes bredvid

Läsbarheten i ett nytt typsnitt skall helst bedömas av personer som står utanför typspecialisternas lilla krets. Detaljer som av fackmannen bedömes som typografiskt intressanta kan för lekmannen verka direkt störande vid konsumerandet av texten. Läsaren har en omedveten uppfattning om antikvabokstavens normalform och reagerar för varje avvikelse mot denna. Det bör därför inte finnas något originellt

This typeface is available only from European compositors.

Läsbarheten i ett nytt typsnitt skall helst bedömas av personer som står utanför typspecialisternas lilla krets. Detaljer som av fackmannen bedömes som typografiskt intressanta kan för lekmannen verka direkt störande vid konsumerandet av texten. Läsaren har en omedveten uppfattning om antikvabokstavens normalform och reagerar för varje avvikelse mot denna. Det bör därför inte finnas något originellt drag i en ny antikvabokstav, ty då skulle den i längden bli olidlig att läsa. Vår tids antikvatyper är resultatet av en mycket varsam tolkning av bokstavsformer, vilka fulländades av de venetianska boktryckarna och stämpelskärarna redan under 1400-talets slut. En typtecknare som ämnar göra en ny antikva bör därför vara utrustad med goda kunskaper om bokstavens grundform och helst veta något om de hundratals försök som genom tiderna gjorts för att överträffa denna. Han måste arbeta med otroligt snävt begränsad rörelsefrihet, där fantasin på sin höjd kan få kretsa kring en linjes svaga böjning eller jämvikten i en stapel. En ny antikvabokstav blir aldrig färdig i de första utkasten. Den kan i isolerat tillstånd vara fulländat vacker, men i samma ögonblick den ställes bredvid ett par andra bokstäver kan den verka otymplig. Varje ny bokstav förändrar på detta sätt sitt ansikte vid olika kombinationsprov. Först när bokstäverna sam-

Läsbarheten i ett nytt typsnitt skall helst bedömas av personer som står utanför typspecialisternas lilla krets. Detaljer som av fackmannen bedömes som typografiskt intressanta kan för lekmannen verka direkt störande vid konsumerandet av texten. Läsaren har en omedveten uppfattning om antikvabokstavens normalform och reagerar för varje avvikelse mot denna. Det bör därför inte finnas något originellt drag i en ny antikvabokstav, ty då skulle den i längden bli olidlig att läsa. Vår tids antikvatyper är resultatet av en

---

Läsbarheten i ett nytt typsnitt skall helst bedömas av personer som står utanför typspecialisternas lilla krets. Detaljer som av fackmannen bedömes som typografiskt intressanta kan för lekmannen verka direkt störande vid konsumerandet av texten. Läsaren har en omedveten uppfattning om antikvabokstavens normalform och reagerar för varje avvikelse mot denna. Det bör därför inte finnas något originellt drag i en ny antikvabokstav, ty då skulle den i längden bli olidlig att läsa. Vår tids antikvatyper är resultatet av en mycket varsam tolkning av bokstavsformer, vilka fulländades av de venetianska boktryckarna och stämpelskärarna redan under 1400-talets slut. En typtecknare som ämnar göra en ny antikva bör därför vara utrustad med goda kunskaper om bokstavens grundform och helst veta något om de hundratals försök som genom tiderna gjorts för att överträffa denna. Han måste arbeta med otroligt snävt begränsad rörelsefrihet, där fantasin på sin höjd kan få kretsa kring en linjes svaga böjning eller jämvikten i en stapel. En ny antikvabokstav blir aldrig färdig i de första utkasten. Den kan i isolerat tillstånd vara fulländat vacker, men i samma ögonblick den

Läsbarheten i ett nytt typsnitt skall helst bedömas av personer som står utanför typspecialisternas lilla krets. Detaljer som av fackmannen bedömes som typografiskt intressanta kan för lekmannen verka direkt störande vid konsumerandet av texten. Läsaren har en omedveten uppfattning om antikvabokstavens normalform och reagerar för varje avvikelse mot denna. Det bör därför inte finnas något originellt drag i en ny antikvabokstav, ty då skulle

Läsbarheten i ett nytt typsnitt skall helst bedömas av personer som står utanför typspecialisternas lilla krets. Detaljer som av fackmannen bedömes som typografiskt intressanta kan för lekmannen verka direkt störande vid konsumerandet av texten. Läsaren har en omedveten uppfattning om antikvabokstavens normalform och reagerar för varje avvikelse mot denna. Det bör därför inte finnas något originellt drag i en ny antikvabokstav, ty då skulle den i längden bli olidlig att läsa. Vår tids antikvatyper är resultatet av en mycket varsam tolkning av bokstavsformer, vilka fulländades av de venetianska boktryckarna och stämpelskärarna redan under 1400-talets slut. En typtecknare som ämnar göra en ny antikva bör därför vara utrustad med goda kunskaper om bokstavens grundform och helst veta något om de hundratals försök som genom tiderna gjorts för att överträffa denna. Han måste arbeta med otroligt snävt begränsad rörelsefrihet, där fantasin på sin höjd kan få kretsa kring en linjes svaga böjning eller jämvikten i en stapel. En ny antikvabokstav blir aldrig färdig i de första utkasten. Den kan i isolerat tillstånd vara fulländat vacker, men i samma ögonblick den ställes bred-

Läsbarheten i ett nytt typsnitt skall helst bedömas av personer som står utanför typspecialisternas lilla krets. Detaljer som av fackmannen bedömes som typografiskt intressanta kan för lekmannen verka direkt störande vid konsumerandet av texten. Läsaren har en omedveten uppfattning om antikvabokstavens normalform och reagerar för varje avvikelse mot denna. Det bör därför inte fin-

Läsbarheten i ett nytt typsnitt skall helst bedömas av personer som star utanför typspecialisternas lilla krets. Detaljer som av fackmannen bedömes som typografiskt intressanta kan för lekmannen verka direkt störande vid konsumerandet av texten. Läsaren har en omedveten uppfattning om antikvabokstavens normalform och reagerar för varje avvikelse mot denna. Det bör därför inte finnas nagot originellt drag i en ny antikvabokstav, ty da skulle den i längden bli olidlig att läsa. Var tids antikvatyper är resultatet av en mycket varsam tolkning av bokstavsformer, vilka fulländades av de venetianska boktryckarna och stämpelskärarna redan under 1400-talets slut. En typtecknare som ämnar göra en ny antikva bör därför vara utrustad med goda kunskaper om bokstavens grundform och helst veta nagot om de hundratals försök som genom tiderna gjorts för att överträffa denna. Han maste arbeta med otroligt snävt begränsad rörelsefrihet, där fantasin pa sin höjd kan fa kretsa kring en linjes svaga böjning eller jämvikten i en stapel. En ny antikvabokstav blir aldrig färdig i de första utkasten. Den kan i isolerat tillstånd vara fulländat vacker, men i samma ögonblick den ställes bredvid ett par andra bokstäver kan den verka otymplig. Varje ny bokstav förändrar pa detta sätt sitt ansikte vid olika kombinationsprov. Först

Läsbarheten i ett nytt typsnitt skall helst bedömas av personer som star utanför typspecialisternas lilla krets. Detaljer som av fackmannen bedömes som typografiskt intressanta kan för lekmannen verka direkt störande vid konsumerandet av texten. Läsaren har en omedveten uppfattning om antikvabokstavens normalform och reagerar för varje avvikelse mot denna. Det bör därför inte finnas nagot originellt drag i en ny antikvabokstav, ty da

Läsbarheten i ett nytt typsnitt skall helst bedö mas av personer som står utanför typspecialis ternas lilla krets. Detaljer som av fackmannen bedömes som typografiskt intressanta kan fö lekmannen verka direkt störande vid konsu merandet av texten. Läsaren har en omedvetei uppfattning om antikvabokstavens normalforr och reagerar för varje avvikelse mot denna. De bör därför inte finnas något originellt drag i ei ny antikvabokstav, ty då skulle den i längdei bli olidlig att läsa. Vår tids antikvatyper är re sultatet av en mycket varsam tolkning av bok stavsformer, vilka fulländades av de venetiansk boktryckarna och stämpelskärarna redan unde 1400-talets slut. En typtecknare som ämnar gö ra en ny antikva bör därför vara utrustad mec goda kunskaper om bokstavens grundform ocl helst veta något om de hundratals försök son genom tiderna gjorts för att överträffa denna Han måste arbeta med otroligt snävt begränsac rörelsefrihet, där fantasin på sin höjd kan f kretsa kring en linjes svaga böjning eller jäm vikten i en stapel. En ny antikvabokstav bli aldrig färdig i de första utkasten. Den kan i iso

Läsbarheten i ett nytt typsnitt skall helst bedömai av personer som står utanför typspecialisternas lil la krets. Detaljer som av fackmannen bedömes soi typografiskt intressanta kan för lekmannen verki direkt störande vid konsumerandet av texten. Lä saren har en omedveten uppfattning om antikvi bokstavens normalform och reagerar för varje av vikelse mot denna. Det bör därför inte finnas någ

Läsbarheten i ett nytt typsnitt skall helst bedömas av personer som står utanför typspecialisternas lilla krets. Detaljer som av fackmannen bedömes som typografiskt intressanta kan för lekmannen verka direkt störande vid konsumerandet av texten. Läsaren har en omedveten uppfattning om antikvabokstavens normalform och reagerar för varje avvikelse mot denna. Det bör därför inte finnas något originellt drag i en ny antikvabokstav, ty då skulle den i längden bli olidlig att läsa. Vår tids antikvatyper är resultatet av en mycket varsam tolkning av bokstavsformer, vilka fulländades av de venetianska boktryckarna och stämpelskärarna redan under 1400-talets slut. En typtecknare som ämnar göra en ny antikva bör därför vara utrustad med goda kunskaper om bokstavens grundform och helst veta något om de hundratals försök som genom tiderna gjorts för att överträffa denna. Han måste arbeta med otroligt snävt begränsad rörelsefrihet, där fantasin på sin höjd kan få kretsa kring en linjes svaga böjning eller jämvikten i en stapel. En ny antikvabokstav blir aldrig färdig i de första utkasten. Den kan i isolerat tillstånd vara fulländat vacker, men i samma ögonblick den ställes bredvid

Läsbarheten i ett nytt typsnitt skall helst bedömas av personer som står utanför typspecialisternas lilla krets. Detaljer som av fackmannen bedömes som typografiskt intressanta kan för lekmannen verka direkt störande vid konsumerandet av texten. Läsaren har en omedveten uppfattning om antikvabokstavens normalform och reagerar för varje avvikelse mot denna. Det bör därför inte finnas något originellt drag i en ny antikvabokstav, ty då skulle

It was the best of times, it was the worst of times, it was the age of wisdom, it was the age of foolishness, it was the epoch of Light, it was the season of Darkness, it was the spring of hope, it was the winter of despair, we had everything before us, we had nothing before us, we were all going direct to Heaven, we were all going direct the other way—in short, the period was so far like the present period, that some of its noisiest authorities insisted on its being received, for good or for evil, in the superlative degree of comparison only.

There were a king with a large jaw and a queen with a plain face on the throne of England; there were a king with a large jaw and a queen with a fair face, on the throne of France. In both countries it was clearer than crystal to the lords of the State preserves of loaves and fishes, that things in general were settled for ever.

It was the year of Our Lord one thousand seven hundred and seventy-five. Spiritual revelations were conceded to England at that favoured period, as at this. Mrs. Southcott had recently attained her five-and-twentieth blessed birthday,

It was the best of times, it was the worst of times, it was the age of wisdom, it was the age of foolishness, it was the epoch of Light, it was the season of Darkness, it was the spring of hope, it was the winter of despair, we had everything before us, we had nothing before us, we were all going direct to Heaven, we were all going direct the other way—in short, the period was so far

It was the best of times, it was the worst of times, it was the age of wisdom, it was the age of foolishness, it was the epoch of Light, it was the season of Darkness, it was the spring of hope, it was the winter of despair, we had everything before us, we had nothing before us, we were all going direct to Heaven, we were all going direct the other way—in short, the period was so far like the present period, that some of its noisiest authorities insisted on its being received, for good or for evil, in the superlative degree of comparison only.

There were a king with a large jaw and a queen with a plain face on the throne of England; there were a king with a large jaw and a queen with a fair face, on the throne of France. In both countries it was clearer than crystal to the lords of the State preserves of loaves and fishes, that things in general were settled for ever.

It was the year of Our Lord one thousand seven hundred and seventy-five. Spiritual revelations were conceded to England at that favoured period, as at this. Mrs. Southcott had recently attained her five-and-twentieth blessed birthday,

It was the best of times, it was the worst of times, it was the age of wisdom, it was the age of foolishness, it was the epoch of Light, it was the season of Darkness, it was the spring of hope, it was the winter of despair, we had everything before us, we had nothing before us, we were all going direct to Heaven, we were all going direct the other way— in short, the period was so far like the present

Läsbarheten i ett nytt typsnitt skall helst bedömas av personer som står utanför typspecialisternas lilla krets. Detaljer som av fackmannen bedömes som typografiskt intressanta kan för lekmannen verka direkt störande vid konsumerandet av texten. Läsaren har en omedveten uppfattning om antikvabokstavens normalform och reagerar för varje avvikelse mot denna. Det bör därför inte finnas något originellt drag i en ny antikvabokstav, ty då skulle den i längden bli olidlig att läsa. Vår tids antikvatyper är resultatet av en mycket varsam tolkning av bokstavsformer, vilka fulländades av de venetianska boktryckarna och stämpelskärarna redan under 1400-talets slut. En typtecknare som ämnar göra en ny antikva bör därför vara utrustad med goda kunskaper om bokstavens grundform och helst veta något om de hundratals försök som genom tiderna gjorts för att överträffa denna. Han måste arbeta med otroligt snävt begränsad rörelsefrihet, där fantasin på sin höjd kan få kretsa kring en linjes svaga böjning eller jämvikten i en stapel. En ny antikvabokstav blir aldrig färdig i de första utkasten. Den kan i isolerat tillstånd vara fulländat vacker, men i samma ögonblick den ställes bredvid

Läsbarheten i ett·nytt typsnitt skall helst bedömas av personer som står utanför specialisternas lilla krets. Detaljer som av fackmannen bedömes som typografiskt intressanta kan för lekmannen verka direkt störande vid konsumerandet av texten. Läsaren har en omedveten uppfattning om antikvabokstavens normalform och reagerar för varje avvikelse mot denna. Det bör därför inte finnas något originellt drag i en ny antikvabokstav, ty då skulle den i längden bli olidlig att läsa. Vår tids antikvatyper är resultatet av en mycket varsam tolkning av bokstavsformer, vilka fulländades av de venetianska boktryckarna och stämpelskärarna redan under 1400-talets slut. En typtecknare som ämnar göra en ny antikva bör därför vara utrustad med goda kunskaper om bokstavens grundform och helst veta något om de hundratals försök som genom tiderna gjorts för att överträffa denna. Han måste arbeta med otroligt snävt begränsad rörelsefrihet, där fantasin på sin höjd kan få kretsa kring en linjes svaga böjning eller jämvikten i en stapel. En ny antikvabokstav blir aldrig färdig i de första utkasten. Den kan i isolerat tillstånd vara fulländat vacker, men i samma ögonblick den ställes bredvid ett par andra bokstäver kan den verka otymplig. Varje ny bokstav förändrar på detta sätt sitt ansikte vid olika kombinationsprov. Först när bokstäverna sammansmälter till en

Läsbarheten i ett nytt typsnitt skall helst bedöma av personer som står utanför typspecialisternas lill krets. Detaljer som av fackmannen bedömes son typografiskt intressanta kan för lekmannen verka direkt störande vid konsumerandet av texten Läsaren har en omedveten uppfattning om antikva bokstavens normalform och reagerar för varje av vikelse mot denna. Det bör därför inte finnas någo originellt drag i en ny antikvabokstav, ty då skull den i längden bli olidlig att läsa. Vår tids antikva typer är resultatet av en mycket varsam tolkning av bokstavsformer, vilka fulländades av de veneti anska boktryckarna och stämpelskärarna redan under 1400-talets slut. En typtecknare som ämna göra en ny antikva bör därför vara utrustad mec goda kunskaper om bokstavens grundform och helst veta något om de hundratals försök son genom tiderna gjorts för att överträffa denna. Han måste arbeta med otroligt snävt begränsad rörelse frihet, där fantasin på sin höjd kan få kretsa kring en linjes svaga böjning eller jämvikten i en stapel En ny antikvabokstav blir aldrig färdig i de först utkasten. Den kan i isolerat tillstånd vara fulländat vacker, men i samma ögonblick den ställes bredvic

Läsbarheten i ett nytt typsnitt skall helst bedömas av personer som står utanför typspecialisternas lilla krets. Detaljer som av fackmannen bedömes som typografiskt intressanta kan för lekmannen verka direkt störande vid konsumerandet av texten. Läsaren har en omedveten uppfattning om antikvabokstavens normalform och reagerar för varje avvikelse mot denna. Det bör därför inte finnas något

Läsbarheten i ett nytt typsnitt skall helst bedömas av personer som står utanför specialisternas lilla krets. Detaljer som av fackmannen bedömes som typografiskt intressanta kan för lekmannen verka direkt störande vid konsumerandet av texten. Läsaren har en omedveten uppfattning om antikvabokstavens normalform och reagerar för varje avvikelse mot denna. Det bör därför inte finnas något originellt drag i en ny antikvabokstav, ty då skulle den i längden bli olidlig att läsa. Vår tids antikvatyper är resultatet av

Läsbarheten i ett nytt typsnitt skall helst bedömas av personer som står utanför typspecialisternas lilla krets. Detaljer som av fackmannen bedömes som typografisk intressanta kan för lekmannen verka direkt störande vid konsumerandet av texten. Läsaren har en omedveten uppfattning om antikvabokstavens normalform och reagerar för varje avvikelse mot denna. Det bör därför inte finna något originellt drag i en ny antikvabokstav, ty då skull

*This typeface is available only from European compositor.

It was the best of times, it was the worst of times, it was the age of wisdom, it was the age of foolishness, it was the epoch of Light, it was the season of Darkness, it was the spring of hope, it was the winter of despair, we had everything before us, we had nothing before us, we were all going direct to Heaven, we were all going direct the other way—in short, the period was so far like the present period, that some of its noisiest authorities insisted on its being received, for good or for evil, in the superlative degree of comparison only.

There were a king with a large jaw and a queen with a plain face on the throne of England; there were a king with a large jaw and a queen with a fair face, on the throne of France. In both countries it was clearer than crystal to the lords of the State preserves of loaves and fishes, that things in general were settled for ever.

It was the year of Our Lord one thousand seven hundred and seventy-five. Spiritual revelations were conceded to England at that favoured period, as at this. Mrs. Southcott had recently attained her five-and-twentieth blessed birthday, of whom a prophetic private in the Life Guards had heralded the

It was the best of times, it was the worst of times, it was the age of wisdom, it was the age of foolishness, it was the epoch of Light, it was the season of Darkness, it was the spring of hope, it was the winter of despair, we had everything before us, we had nothing before us, we were all going direct to Heaven, we were all going direct the other way—in short, the period was so far like the present period, that some of its noisiest authorities insisted

It was the best of times, it was the worst of times, it was the age of wisdom, it was the age of foolishness, it was the epoch of Light, it was the season of Darkness, it was the spring of hope, it was the winter of despair, we had everything before us, we had nothing before us, we were all going direct to Heaven, we were all going direct the other way—in short, the period was so far like the present period, that some of its noisiest authorities insisted on its being received, for good or for evil, in the superlative degree of comparison only.

There were a king with a large jaw and a queen with a plain face on the throne of England; there were a king with a large jaw and a queen with a fair face, on the throne of France. In both countries it was clearer than crystal to the lords of the State preserves of loaves and fishes, that things in general were settled for ever.

It was the year of Our Lord one thousand seven hundred and seventy-five. Spiritual revelations were conceded to England at that favoured period, as at this. Mrs. Southcott had recently attained her five-and-twentieth blessed birthday, of whom a prophetic private in the Life Guards had heralded the sublime appearance by announcing that arrangements were

It was the best of times, it was the worst of times, it was the age of wisdom, it was the age of foolishness, it was the epoch of Light, it was the season of Darkness, it was the spring of hope, it was the winter of despair, we had everything before us, we had nothing before us, we were all going direct to Heaven, we were all going direct the other way—in short, the period was so far like the present period, that some of its noisiest authorities insisted

It was the best of times, it was the worst of times, it was the age of wisdom, it was the age of foolishness, it was the epoch of Light, it was the season of Darkness, it was the spring of hope, it was the winter of despair, we had everything before us, we had nothing before us, we were all going direct to Heaven, we were all going direct the other way—in short, the period was so far like the present period, that some of its noisiest authorities insisted on its being received, for good or for evil, in the superlative degree of comparison only.

There were a king with a large jaw and a queen with a plain face on the throne of England; there were a king with a large jaw and a queen with a fair face, on the throne of France. In both countries it was clearer than crystal to the lords of the State preserves of loaves and fishes, that things in general were settled for ever.

It was the year of Our Lord one thousand seven hundred and seventy-five. Spiritual revelations were conceded to England at that favoured period, as at this. Mrs. Southcott had recently attained her five-and-twentieth blessed birthday,

It was the best of times, it was the worst of times, it was the age of wisdom, it was the age of foolishness, it was the epoch of Light, it was the season of Darkness, it was the spring of hope, it was the winter of despair, we had everything before us, we had nothing before us, we were all going direct to Heaven, we were all going direct the other way—in short, the period was so far like the present

It was the best of times, it was the worst of times, it was the age of wisdom, it was the age of foolishness, it was the epoch of Light, it was the season of Darkness, it was the spring of hope, it was the winter of despair, we had everything before us, we had nothing before us, we were all going direct to Heaven, we were all going direct the other way—in short, the period was so far like the present period, that some of its noisiest authorities insisted on its being received, for good or for evil, in the superlative degree of comparison only.

There were a king with a large jaw and a queen with a plain face on the throne of England; there were a king with a large jaw and a queen with a fair face, on the throne of France. In both countries it was clearer than crystal to the lords of the State preserves of loaves and fishes, that things in general were settled for ever.

It was the year of Our Lord one thousand seven hundred and seventy-five. Spiritual revelations were conceded to England at that favoured period, as at this. Mrs. Southcott had recently with a plain face on the throne of England; there

It was the best of times, it was the worst of times, it was the age of wisdom, it was the age of foolishness, it was the epoch of Light, it was the season of Darkness, it was the spring of hope, it was the winter of despair, we had everything before us, we had nothing before us, we were all going direct to Heaven, we were all going direct the other way—in short, the period was so far like the present period, that some of its noisiest authorities in-

Läsbarheten i ett nytt typsnitt skall helst bedömas av personer som står utanför typspecialisternas lilla krets. Detaljer som av fackmannen bedömes som typografiskt intressanta kan för lekmannen verka direkt störande vid konsumerandet av texten. Läsaren har en omedveten uppfattning om antikvabokstavens normalform och reagerar för varje avvikelse mot denna. Det bör därför inte finnas något originellt drag i en ny antikvabokstav, ty då skulle den i längden bli olidlig att läsa. Vår tids antikvatyper är resultatet av en mycket varsam tolkning av bokstavsformer, vilka fulländades av de venetianska boktryckarna och stämpelskärarna redan under 1400-talets slut. En typtecknare som ämnar göra en ny antikva bör därför vara utrustad med goda kunskaper om bokstavens grundform och helst veta något om de hundratals försök som genom tiderna gjorts för att överträffa denna. Han måste arbeta med otroligt snävt begränsad rörelsefrihet, där fantasin på sin höjd kan få kretsa kring en linjes svaga böjning eller jämvikten i en stapel. En ny antikvabokstav blir aldrig färdig i de första utkasten. Den kan i isolerat tillstånd vara fulländat vacker,

Läsbarheten i ett nytt typsnitt skall helst bedömas av personer som står utanför typspecialisternas lilla krets. Detaljer som av fackmannen bedömes som typografiskt intressanta kan för lekmannen verka direkt störande vid konsumerandet av texten. Läsaren har en omedveten uppfattning om antikvabokstavens normalform och reagerar för varje avvikelse mot denna. Det bör därför inte

Läsbarheten i ett nytt typsnitt skall helst bedömas av personer som står utanför typspecialisternas lilla krets. Detaljer som av fackmannen bedömes som typografiskt intressanta kan för lekmannen verka direkt störande vid konsumerandet av texten. Läsaren har en omedveten uppfattning om antikvabokstavens normalform och reagerar för varje avvikelse mot denna. Det bör därför inte finnas något originellt drag i en ny antikvabokstav, ty då skulle den i längden bli olidlig att läsa. Vår tids antikvatyper är resultatet av en mycket varsam tolkning av bokstavsformer, vilka fulländades av de venetianska boktryckarna och stämpelskärarna redan under 1400-talets slut. En typtecknare som ämnar göra en ny antikva bör därför vara utrustad med goda kunskaper om bokstavens grundform och helst veta något om de hundratals försök som genom tiderna gjorts för att överträffa denna. Han måste arbeta med otroligt snävt begränsad rörelsefrihet, där fantasin på sin höjd kan få kretsa kring en linjes svaga böjning eller jämvikten

Läsbarheten i ett nytt typsnitt skall helst bedömas av personer som står utanför typspecialisternas lilla krets. Detaljer som av fackmannen bedömes som typografiskt intressanta kan för lekmannen verka direkt störande vid konsumerandet av texten. Läsaren har en omedveten uppfattning om antikvabokstavens normalform och reagerar för varje avvikelse mot denna. Det bör därför inte finnas något

This typeface is available only from European compositors.

Läsbarheten i ett nytt typsnitt skall helst bedömas av personer som står utanför typspecialisternas lilla krets. Detaljer som av fackmannen bedömes som typografiskt intressanta kan för lekmannen verka direkt störande vid konsumerandet av texten. Läsaren har en omedveten uppfattning om antikvabokstavens normalform och reagerar för varje avvikelse mot denna. Det bör därför inte finnas något originellt drag i en ny antikvabokstav, ty då skulle den i längden bli olidlig att läsa. Vår tids antikvatyper är resultatet av en mycket varsam tolkning av bokstavsformer, vilka fulländades av de venetianska boktryckarna och stämpelskärarna redan under 1400-talets slut. En typtecknare som ämnar göra en ny antikva bör därför vara utrustad med goda kunskaper om bokstavens grundform och helst veta något om de hundratals försök som genom tiderna gjorts för att överträffa denna. Han måste arbeta med otroligt snävt begränsad rörelsefrihet, där fantasin på sin höjd kan få kretsa kring en linjes svaga böjning eller jämvikten i en stapel. En ny antikvabokstav blir aldrig färdig i de första utkasten. Den kan i isolerat tillstånd

Läsbarheten i ett nytt typsnitt skall helst bedömas av personer som står utanför typspecialisternas lilla krets. Detaljer som av fackmannen bedömes som typografiskt intressanta kan för lekmannen verka direkt störande vid konsumerandet av texten. Läsaren har en omedveten uppfattning om antikvabokstavens normalform och reagerar för varje avvikelse mot denna. Det

Läsbarheten i ett nytt typsnitt skall helst bedömas av personer som står utanför typspecialisternas lilla krets. Detaljer som av fackmannen bedömes som typografiskt intressanta kan för lekmannen verka direkt störande vid konsumerandet av texten. Läsaren har en omedveten uppfattning om antikvabokstavens normalform och reagerar för varje avvikelse mot denna. Det bör därför inte finnas något originellt drag i en ny antikvabokstav, ty då skulle den i längden bli olidlig att läsa. Vår tids antikvatyper är resultatet av en mycket varsam tolkning av bokstavsformer, vilka fulländades av de venetianska boktryckarna och stämpelskärarna redan under 1400-talets slut. En typtecknare som ämnar göra en ny antikva bör därför vara utrustad med goda kunskaper om bokstavens grundform och helst veta något om de hundratals försök som genom tiderna gjorts för att överträffa denna. Han måste arbeta med otroligt snävt begränsad rörelsefrihet, där fantasin på sin höjd kan få kretsa kring en linjes svaga böjning eller jämvikten i en stapel. En ny antikvabokstav blir aldrig färdig i de första utkasten. Den kan i isolerat tillstånd vara fulländat vacker, men i samma ögonblick den ställes bredvid ett par andra bokstäver kan den verka otymplig. Varje ny bokstav förändrar på detta sätt sitt ansikte vid

Läsbarheten i ett nytt typsnitt skall helst bedömas av personer som står utanför typspecialisternas lilla krets. Detaljer som av fackmannen bedömes som typografiskt intressanta kan för lekmannen verka direkt störande vid konsumerandet av texten. Läsaren har en omedveten uppfattning om antikvabokstavens normalform och reagerar för varje avvikelse mot denna. Det bör därför inte finnas något originellt drag i en ny antikvabokstav, ty då skulle den i längden bli olidlig att läsa. Vår tids

Läsbarheten i ett nytt typsnitt skall helst bedömas av personer som står utanför typspecialisternas lilla krets. Detaljer som av fackmannen bedömes som typografiskt intressanta kan för lekmannen verka direkt störande vid konsumerandet av texten. Läsaren har en omedveten uppfattning om antikvabokstavens normalform och reagerar för varje avvikelse mot denna. Det bör därför inte finnas något originellt drag i en ny antikvabokstav, ty då skulle den i längden bli olidlig att läsa. Vår tids antikvatyper är resultatet av en mycket varsam tolkning av bokstavsformer, vilka fulländades av de venetianska boktryckarna och stämpelskärarna redan under 1400-talets slut. En typtecknare som ämnar göra en ny antikva bör därför vara utrustad med goda kunskaper om bokstavens grundform och helst veta något om de hundratals försök som genom tiderna gjorts för att överträffa denna. Han måste arbeta med otroligt snävt begränsad rörelsefrihet, där fantasin på sin höjd kan få kretsa kring en linjes svaga böjning eller jämvikten i en stapel. En ny antikvabokstav blir aldrig färdig i de första utkasten. Den kan i isolerat tillstånd vara fulländat vacker, men i samma ögonblick den ställes

Läsbarheten i ett nytt typsnitt skall helst bedömas av personer som står utanför typspecialisternas lilla krets. Detaljer som av fackmannen bedömes som typografiskt intressanta kan för lekmannen verka direkt störande vid konsumerandet av texten. Läsaren har en omedveten uppfattning om antikvabokstavens normalform och reagerar för varje avvikelse mot denna. Det bör därför inte finnas något originellt drag i en ny an-

*This typeface is available only from European compositors.

It was the best of times, it was the worst of times, it was the age of wisdom, it was the age of foolishness, it was the epoch of Light, it was the season of Darkness, it was the spring of hope, it was the winter of despair, we had everything before us, we had nothing before us, we were all going direct to Heaven, we were all going direct the other way—in short, the period was so far like the present period, that some of its noisiest authorities insisted on its being received, for good or for evil, in the superlative degree of comparison only.

There were a king with a large jaw and a queen with a plain face on the throne of England; there were a king with a large jaw and a queen with a fair face, on the throne of France. In both countries it was clearer than crystal to the lords of the State preserves of loaves and fishes, that things in general were settled for ever.

It was the year of Our Lord one thousand seven hundred and seventy-five. Spiritual revelations were conceded to England at that favoured period, as at this. Mrs. Southcott had recently attained her five-and-twentieth blessed birthday, of whom had nothing before us, we were all going direct to

It was the best of times, it was the worst of times, it was the age of wisdom, it was the age of foolishness, it was the epoch of Light, it was the season of Darkness, it was the spring of hope, it was the winter of despair, we had everything before us, we had nothing before us, we were all going direct tó Heaven, we were all going direct the other way—in short, the period was so far like the

Läsbarheten i ett nytt typsnitt skall helst bedömas av personer som står utanför typspecialisternas lilla krets. Detaljer som av fackmannen bedömes som typografiskt intressanta kan för lekmannen verka direkt störande vid konsumerandet av texten. Läsaren har en omedveten uppfattning om antikvabokstavens normalform och reagerar för varje avvikelse mot denna. Det bör därför inte finnas något originellt drag i en ny antikvabokstav, ty då skulle den i längden bli olidlig att läsa. Vår tids antikvatyper är resultatet av en mycket varsam tolkning av bokstavsformer, vilka fulländades av de venetianska boktryckarna och stämpelskärarna redan under 1400-talets slut. En typtecknare som ämnar göra en ny antikva bör därför vara utrustad med goda kunskaper om bokstavens grundform och helst veta något om de hundratals försök som genom tiderna gjorts för att överträffa denna. Han måste arbeta med otroligt snävt begränsad rörelsefrihet, där fantasin på sin höjd kan få kretsa kring en linjes svaga böjning eller jämvikten i en stapel. En ny antikvabokstav blir aldrig färdig i de första utkasten. Den kan i isolerat till-

Läsbarheten i ett nytt typsnitt skall helst bedömas av personer som står utanför typspecialisternas lilla krets. Detaljer som av fackmannen bedömes som typografiskt intressanta kan för lekmannen verka direkt störande vid konsumerandet av texten. Läsaren har en omedveten uppfattning om antikvabokstavens normalform och reagerar för varje avvikelse mot denna. Det

Läsbarheten i ett nytt typsnitt skall helst bedömas av personer som står utanför typspecialisternas lilla krets. Detaljer som av fackmannen bedömes som typografiskt intressanta kan för lekmannen verka direkt störande vid konsumerandet av texten. Läsaren har en omedveten uppfattning om antikvabokstavens normalform och reagerar för varje avvikelse mot denna. Det bör därför inte finnas något originellt drag i en ny antikvabokstav, ty då skulle den i längden bli olidlig att läsa. Vår tids antikvatyper är resultatet av en mycket varsam tolkning av bokstavsformer, vilka fulländades av de venetianska boktryckarna och stämpelskärarna redan under 1400-talets slut. En typtecknare som ämnar göra en ny antikva bör därför vara utrustad med goda kunskaper om bokstavens grundform och helst veta något om de hundratals försök som genom tiderna gjorts för att överträffa denna. Han måste arbeta med otroligt snävt begränsad rörelsefrihet där fantasin på sin höjd kan få kretsa kring en linjes svaga böjning eller jämvikten i en stapel. En ny antikvabokstav blir aldrig färdig i de

Läsbarheten i ett nytt typsnitt skall helst bedömas av personer som står utanför typspecialisternas lilla krets. Detaljer som av fackmannen bedömes som typografiskt intressanta kan för lekmannen verka direkt störande vid konsumerandet av texten. Läsaren har en omedveten uppfattning om antikvabokstavens normalform och reagerar för varje avvikelse mot

*This typeface is available only from European compositors.

Läsbarheten i ett nytt typsnitt skall helst bedömas av personer som står utanför typspecialisternas lilla krets. Detaljer som av fackmannen bedömes som typografiskt intressanta kan för lekmannen verka direkt störande vid konsumerandet av texten. Läsaren har en omedveten uppfattning om antikvabokstavens normalform och reagerar för varje avvikelse mot denna. Det bör därför inte finnas något originellt drag i en ny antikvabokstav, ty då skulle den i längden bli olidlig att läsa. Vår tids antikvatyper är resultatet av en mycket varsam tolkning av bokstavsformer, vilka fulländades av de venetianska boktryckarna och stämpelskärarna redan under 1400-talets slut. En typtecknare som ämnar göra en ny antikva bör därför vara utrustad med goda kunskaper om bokstavens grundform och helst veta något om de hundratals försök som genom tiderna gjorts för att överträffa denna. Han måste arbeta med otroligt snävt begränsad rörelsefrihet, där fantasin på sin höjd kan få kretsa kring en linjes svaga böjning eller jämvikten i en stapel. En ny antikvabokstav blir aldrig färdig i de första ut-

Läsbarheten i ett nytt typsnitt skall helst bedömas av personer som står utanför typspecialisternas lilla krets. Detaljer som av fackmannen bedömes som typografiskt intressanta kan för lekmannen verka direkt störande vid konsumerandet av texten. Läsaren har en omedveten uppfattning om antikvabokstavens normalform och reagerar för varje avvikelse mot denna. Det bör därför inte finnas något originellt drag i en ny antikvabokstav, ty då skulle den i längden bli olidlig att läsa. Vår tids antikvatyper är resultatet av en mycket varsam tolkning av bokstavsformer, vilka fulländades av de venetianska boktryckarna och stämpelskärarna redan under 1400-talets slut. En typtecknare som ämnar göra en ny antikva bör därför vara utrustad med goda kunskaper om bokstavens grundform och helst veta något om de hundratals försök som genom tiderna gjorts för att överträffa denna. Han måste arbeta med otroligt snävt begränsad rörelsefrihet, där fantasin på sin höjd kan få kretsa kring en linjes svaga böjning eller jämvikten i en stapel. En ny antikvabokstav blir aldrig färdig i de första utkasten. Den kan i isolerat tillstånd vara fulländat vacker, men

Läsbarheten i ett nytt typsnitt skall helst bedömas av personer som står utanför typspecialisternas lilla krets. Detaljer som av fackmannen bedömes som typografiskt intressanta kan för lekmannen verka direkt störande vid konsumerandet av texten. Läsaren har en omedveten uppfattning om antikvabokstavens normalform och reagerar för varje avvikelse mot denna. Det bör därför inte finnas något originellt drag i en ny antikvabokstav, ty då skulle den i längden bli olidlig att läsa. Vår tids antikvatyper är resultatet av en mycket varsam tolkning av bokstavsformer, vilka fulländades av de venetianska boktryckarna och stämpelskärarna redan under 1400-talets slut. En typtecknare som ämnar göra en ny antikva bör därför vara utrustad med goda kunskaper om bokstavens grundform och helst veta något om de hundratals försök som genom tiderna gjorts för att överträffa denna. Han måste arbeta med otroligt snävt begränsad rörelsefrihet, där fantasin på sin höjd kan få kretsa kring en linjes svaga böjning eller jämvikten i en stapel. En ny antikvabokstav blir aldrig

Läsbarheten i ett nytt typsnitt skall helst bedömas av personer som står utanför typspecialisternas lilla krets. Detaljer som av fackmannen bedömes som typografiskt intressanta kan för lekmannen verka direkt störande vid konsumerandet av texten. Läsaren har en omedveten uppfattning om antikvabokstavens normalform och reagerar för varje avvikelse mot denna. Det bör

Läsbarheten i ett nytt typsnitt skall helst bedömas av personer som står utanför typspecialisternas lilla krets. Detaljer som av fackmannen bedömes som typografiskt intressanta kan för lekmannen verka direkt störande vid konsumerandet av texten. Läsaren har en omedveten uppfattning om antikvabokstavens normalform och reagerar för varje avvikelse mot denna. Det bör därför inte finnas något

Läsbarheten i ett nytt typsnitt skall helst bedömas av personer som står utanför typspecialisternas lilla krets. Detaljer som av fackmannen bedömes som typografiskt intressanta kan för lekmannen verka direkt störande vid konsumerandet av texten. Läsaren har en omedveten uppfattning om antikvabokstavens normalform och reagerar för varje avvikelse mot denna. Det bör därför inte

Läsbarheten i ett nytt typsnitt skall helst bedömas av personer som står utanför typspecialisternas lilla krets. Detaljer som av fackmannen bedömes som typografiskt intressanta kan för lekmannen verka direkt störande vid konsumerandet av texten. Läsaren har en omedveten uppfattning om antikvabokstavens normalform och reagerar för varje avvikelse mot denna. Det bör därför inte finnas något originellt drag i en ny antikvabokstav, ty då skulle den i längden bli olidlig att läsa. Vår tids antikvatyper är resultatet av en mycket varsam tolkning av bokstavsformer, vilka fulländades av de venetianska boktryckarna och stämpelskärarna redan under 1400-talets slut. En typtecknare som ämnar göra en ny antikva bör därför vara utrustad med goda kunskaper om bokstavens grundform och helst veta något om de hundratals försök som genom tiderna gjorts för att överträffa denna. Han måste arbeta med otroligt snävt begränsad rörelsefrihet, där fantasin på sin höjd kan få kretsa kring en linjes

Läsbarheten i ett nytt typsnitt skall helst bedömas av personer som står utanför typspecialisternas lilla krets. Detaljer som av fackmannen bedömes som typografiskt intressanta kan för lekmannen verka direkt störande vid konsumerandet av texten. Läsaren har en omedveten uppfattning om antikvabokstavens normalform och reagerar för varje avvikelse mot denna. Det bör därför inte finnas något originellt

Läsbarheten i ett nytt typsnitt skall helst bedömas av personer som står utanför typspecialisternas lilla krets. Detaljer som av fackmannen bedömes som typografiskt intressanta kan för lekmannen verka direkt störande vid konsumerandet av texten. Läsaren har en omedveten uppfattning om antikvabokstavens normalform och reagerar för varje avvikelse mot denna. Det bör därför inte finnas något originellt drag i en ny antikvabokstav, ty då skulle den i längden bli olidlig att läsa. Vår tids antikvatyper är resultatet av en mycket varsam tolkning av bokstavsformer, vilka fulländades av de venetianska boktryckarna och stämpelskärarna redan under 1400-talets slut. En typtecknare som ämnar göra en ny antikva bör därför vara utrustad med goda kunskaper om bokstavens grundform och helst veta något om de hundratals försök som genom tiderna gjorts för att överträffa denna. Han måste arbeta med otroligt snävt begränsad rörelsefrihet, där fantasin på sin höjd kan få kretsa kring en linjes svaga böjning eller jämvikten i en stapel. En ny antikvabokstav blir aldrig färdig i de första utkasten. Den kan i isolerat tillstånd vara fulländat vacker, men i samma ögonblick den stäl-

Läsbarheten i ett nytt typsnitt skall helst bedömas av personer som står utanför typspecialisternas lilla krets. Detaljer som av fackmannen bedömes som typografiskt intressanta kan för lekmannen verka direkt störande vid konsumerandet av texten. Läsaren har en omedveten uppfattning om antikvabokstavens normalform och reagerar för varje avvikelse mot denna. Det bör därför inte finnas något originellt drag i en ny antikvabokstav, ty

Läsbarheten i ett nytt typsnitt skall helst bedömas av personer som står utanför typspecialisternas lilla krets. Detaljer som av fackmannen bedömes som typografiskt intressanta kan för lekmannen verka direkt störande vid konsumerandet av texten. Läsaren har en omedveten uppfattning om antikvabokstavens normalform och reagerar för varje avvikelse mot denna. Det bör därför inte finnas något originellt drag i en ny antikvabokstav, ty då skulle den i längden bli olidlig att läsa. Vår tids antikvatyper är resultatet av en mycket varsam tolkning av bokstavsformer, vilka fulländades av de venetianska boktryckarna och stämpelskärarna redan under 1400-talets slut. En typtecknare som ämnar göra en ny antikva bör därför vara utrustad med goda kunskaper om bokstavens grundform och helst veta något om de hundratals försök som genom tiderna gjorts för att överträffa denna. Han måste arbeta med otroligt snävt begränsad rörelsefrihet, där fantasin på sin höjd kan få kretsa kring en linjes svaga böjning eller jämvikten i en stapel. En ny antikvabokstav blir aldrig färdig i de första utkasten. Den kan i isolerat tillstånd vara fulländat vacker,

Läsbarheten i ett nytt typsnitt skall helst bedömas av personer som står utanför typspecialisternas lilla krets. Detaljer som av fackmannen bedömes som typografiskt intressanta kan för lekmannen verka direkt störande vid konsumerandet av texten. Läsaren har en omedveten uppfattning om antikvabokstavens normalform och reagerar för varje avvikelse mot denna. Det bör därför inte finnas något originellt drag i en ny antikvabokstav, ty då skulle den i längden bli olidlig att läsa. Vår

This typeface is available only from European compositors.

Läsbarheten i ett nytt typsnitt skall helst bedömas av personer som star utanför typspecialisternas lilla krets. Detaljer som av fackmannen bedömes som typografiskt intressanta kan för lekmannen verka direkt störande vid konsumerandet av texten. Läsaren har en omedveten uppfattning om antikvabokstavens normalform och reagerar för varje avvikelse mot denna. Det bör därför inte finnas nagot originellt drag i en ny antikvabokstav, ty da skulle den i längden bli olidlig att läsa. Var tids antikvatyper är resultatet av en mycket varsam tolkning av bokstavsformer, vilka fulländades av de venetianska boktryckarna och stämpelskärarna redan under 1400-talets slut. En typtecknare som ämnar göra en ny antikva bör därför vara utrustad med goda kunskaper om bokstavens grundform och helst veta nagot om de hundratals försök som genom tiderna gjorts för att överträffa denna. Han maste arbeta med otroligt snävt begränsad rörelsefrihet, där fantasin pa sin höjd kan fa kretsa kring en linjes svaga böjning eller jämvikten i en stapel. En ny antikvabokstav blir aldrig färdig i de första utkasten. Den kan i isolerat tillstand vara fulländat vacker, men i samma ögonblick den ställes bredvid

Läsbarheten i ett nytt typsnitt skall helst bedömas av personer som star utanför typspecialisternas lilla krets. Detaljer som av fackmannen bedömes som typografiskt intressanta kan för lekmannen verka direkt störande vid konsumerandet av texten. Läsaren har en omedveten uppfattning om antikvabokstavens normalform och reagerar för varje avvikelse mot denna. Det bör därför inte finnas nagot originellt drag i en ny antikvabokstav, ty da skulle den i längden bli olidlig att läsa. Var tids antikvatyper är resultatet av en mycket varsam tolkning av bokstavsformer, vilka fulländades av de venetianska boktryckarna och stämpelskärarna redan under 1400-talets slut. En typtecknare som ämnar göra en ny antikva bör därför vara utrustad med goda kunskaper om bokstavens grundform och helst veta nagot om de hundratals försök som genom tiderna gjorts för att överträffa denna. Han maste arbeta med otroligt snävt begränsad rörelsefrihet, där fantasin pa sin höjd kan fa kretsa kring en linjes svaga böjning eller jämvikten i en stapel. En ny antikvabokstav blir aldrig färdig i de första utkasten. Den kan i isolerat tillstand vara fulländat vacker, men i samma ögon-

Läsbarheten i ett nytt typsnitt skall helst bedömas av personer som står utanför typspecialisternas lilla krets. Detaljer som av fackmannen bedömes som typografiskt intressanta kan för lekmannen verka direkt störande vid konsumerandet av texten. Läsaren har en omedveten uppfattning om antikvabokstavens normalform och reagerar för varje avvikelse mot denna. Det bör därför inte finnas något originellt drag i en ny antikvabokstav, ty då skulle den i längden bli olidlig att läsa. Vår tids antikvatyper är resultatet av en mycket varsam tolkning av bokstavsformer, vilka fulländades av de venetianska boktryckarna och stämpelskärarna redan under 1400-talets slut. En typtecknare som ämnar göra en ny antikva bör därför vara utrustad med goda kunskaper om bokstavens grundform och helst veta något om de hundratals försök som genom tiderna gjorts för att överträffa denna. Han måste arbeta med otroligt snävt begränsad rörelsefrihet, där fantasin på sin höjd kan få kretsa kring en linjes svaga böjning eller jämvikten i en stapel. En ny antikvabokstav blir aldrig färdig i de första utkasten. Den kan i isolerat tillstånd vara fulländat vacker, men i samma ögonblick den ställes

Läsbarheten i ett nytt typsnitt skall helst bedömas av personer som star utanför typspecialisternas lilla krets. Detaljer som av fackmannen bedömes som typografiskt intressanta kan för lekmannen verka direkt störande vid konsumerandet av texten. Läsaren har en omedveten uppfattning om antikvabokstavens normalform och reagerar för varje avvikelse mot denna. Det bör därför inte finnas nagot

Läsbarheten i ett nytt typsnitt skall helst bedömas av personer som star utanför typspecialisternas lilla krets. Detaljer som av fackmannen bedömes som typografiskt intressanta kan för lekmannen verka direkt störande vid konsumerandet av texten. Läsaren har en omedveten uppfattning om antikvabokstavens normalform och reagerar för varje avvikelse mot denna. Det bör därför inte fin-

Läsbarheten i ett nytt typsnitt skall helst bedömas av personer som står utanför typspecialisternas lilla krets. Detaljer som av fackmannen bedömes som typografiskt intressanta kan för lekmannen verka direkt störande vid konsumerandet av texten. Läsaren har en omedveten uppfattning om antikvabokstavens normalform och reagerar för varje avvikelse mot denna. Det bör därför inte finnas

* This typeface is available only from European compositors.

Läsbarheten i ett nytt typsnitt skall helst bedömas av personer som står utanför typspecialisternas lilla krets. Detaljer som av fackmannen bedömes som typografiskt intressanta kan för lekmannen verka direkt störande vid konsumerandet av texten. Läsaren har en omedveten uppfattning om antikvabokstavens normalform och reagerar för varja avvikelse mot denna. Det bör därför inte finnas något originellt drag i en ny antikvabokstav, ty då skulle den i längden bli olidlig att läsa. Vår tids antikvatyper är resultatet av en mycket varsam tolkning av bokstavsformer, vilka fulländades av de venetianska boktryckarna och stämpelskärarna redan under 1400-talets slut. En typtecknare som ämnar göra en ny antikva bör därför vara utrustad med goda kunskaper om bokstavens grundform och helst veta något om de hundratals försök som genom tiderna gjorts för att överträffa denna. Han måste arbeta med otroligt snävt begränsad rörelsefrihet, där fantasin på sin höjd kan få kretsa kring en linjes svaga böjning eller jämvikten i en stapel. En ny antikvabokstav blir aldrig färdig i de första utkasten. Den kan i isolerat tillstånd vara fulländat vacker, men i samma ögonblick den ställes bredvid ett par andra bokstäver kan den verka

Läsbarheten i ett nytt typsnitt skall helst bedömas av personer som står utanför typspecialisternas lilla krets. Detaljer som av fackmannen bedömes som typografiskt intressanta kan för lekmannen verka direkt störande vid konsumerandet av texten. Läsaren har en omedveten uppfattning om antikvabokstavens normalform och reagerar för varje avvikelse mot denna. Det bör därför inte finnas något originellt drag i en ny antikvabokstav, ty då skulle den i längden bli olidlig

Läsbarheten i ett nytt typsnitt skall helst bedömas av personer som står utanför typspecialisternas lilla krets. Detaljer som av fackmannen bedömes som typografiskt intressanta kan för lekmannen verka direkt störande vid konsumerandet av texten. Läsaren har en omedveten uppfattning om antikvabokstavens normalform och reagerar för varje avvikelse mot denna. Det bör därför inte finnas något originellt drag i en ny antikvabokstav, ty då skulle den i längden bli olidlig att läsa. Vår tids antikvatyper är resultatet av en mycket varsam tolkning av bokstavsformer, vilka fulländades av de venetianska boktryckarna och stämpelskärarna redan under 1400-talets slut. En typtecknare som ämnar göra en ny antikva bör därför vara utrustad med goda kunskaper om bokstavens grundform och helst veta något om de hundratals försök som genom tiderna gjorts för att överträffa denna. Han måste arbeta med otroligt snävt begränsad rörelsefrihet, där fantasin på sin höjd kan få kretsa kring en linjes svaga böjning eller jämvikten i en stapel. En ny antikvabokstav blir aldrig färdig i de första utkasten. Den kan i isolerat tillstånd vara fullän-

Läsbarheten i ett nytt typsnitt skall helst bedömas av personer som står utanför typspecialisternas lilla krets. Detaljer som av fackmannen bedömes som typografiskt intressanta kan för lekmannen verka direkt störande vid konsumerandet av texten. Läsaren har en omedveten uppfattning om antikvabokstavens normalform och reagerar för varje avvikelse mot denna. Det bör därför inte finnas något originellt drag i en ny antikva-

It was the best of times, it was the worst of times, it was the age of wisdom, it was the age of foolishness, it was the epoch of Light, it was the season of Darkness, it was the spring of hope, it was the winter of despair, we had everything before us, we had nothing before us, we were all going direct to Heaven, we were all going direct the other way—in short, the period was so far like the present period, that some of its noisiest authorities insisted on its being received, for good or for evil, in the superlative degree of comparison only.

There were a king with a large jaw and a queen with a plain face on the throne of England; there were a king with a large jaw and a queen with a fair face, on the throne of France. In both countries it was clearer than crystal to the lords of the State preserves of loaves and fishes, that things in general were settled for ever.

It was the year of Our Lord one thousand seven hundred and seventy-five. Spiritual revelations were conceded to England at that favoured period, as at this. Mrs. Southcott had

It was the best of times, it was the worst of times, it was the age of wisdom, it was the age of foolishness, it was the epoch of Light, it was the season of Darkness, it was the spring of hope, it was the winter of despair, we had everything before us, we had nothing before us, we were all going direct to Heaven, we were all going direct the other way—in short, the period was so far like the present period,

This typeface is available only from European compositors.

It was the best of times, it was the worst of times, it was the age of wisdom, it was the age of foolishness, it was the epoch of Light, it was the season of Darkness, it was the spring of hope, it was the winter of despair, we had everything before us, we had nothing before us, we were all going direct to Heaven, we were all going direct the other way—in short, the period was so far like the present period, that some of its noisiest authorities insisted on its being received, for good or for evil, in the superlative degree of comparison only.

There were a king with a large jaw and a queen with a plain face on the throne of England; there were a king with a large jaw and a queen with a fair face, on the throne of France. In both countries it was clearer than crystal to the lords of the State preserves of loaves and fishes, that things in general were settled for ever.

It was the year of Our Lord one thousand seven hundred and seventy-five. Spiritual revelations were conceded to England at that favoured period, as at this. Mrs. Southcott had recently attained her five-and-twentieth blessed birthday, of whom a prophetic private in the Life Guards had heralded

It was the best of times, it was the worst of times, it was the age of wisdom, it was the age of foolishness, it was the epoch of Light, it was the season of Darkness, it was the spring of hope, it was the winter of despair, we had everything before us, we had nothing before us, we were all going direct to Heaven, we were all going direct the other way—in short, the period was so far like the present period, that some of its noisiest authorities insisted on its

It was the best of times, it was the worst of times, it was the age of wisdom, it was the age of foolishness, it was the epoch of Light, it was the season of Darkness, it was the spring of hope, it was the winter of despair, we had everything before us, we had nothing before us, we were all going direct to Heaven, we were all going direct the other way—in short, the period was so far like the present period, that some of its noisiest authorities insisted on its being received, for good or for evil, in the superlative degree of comparison only.

There were a king with a large jaw and a queen with a plain face on the throne of England; there were a king with a large jaw and a queen with a fair face, on the throne of France. In both countries it was clearer than crystal to the lords of the State preserves of loaves and fishes, that things in general were settled for ever.

It was the year of Our Lord one thousand· seven hundred and seventy-five. Spiritual revelations were conceded to England at that favoured period, as at this. Mrs. Southcott had recently attained her five-and-twentieth blessed birthday, of whom a prophetic private in the Life Guards had heralded the sublime appearance by announcing that arrangements were made for the swallowing up of London and Westminster. Even the Cock-lane ghost had

It was the best of times, it was the worst of times, it was the age of wisdom, it was the age of foolishness, it was the epoch of Light, it was the season of Darkness, it was the spring of hope, it was the winter of despair, we had everything before us, we had nothing before us, we were all going direct to Heaven, we were all going direct the other way—in short, the period was so far like the present period, that some of its noisiest authorities insisted on its being received, for good or for evil, in the superlative degree of

It was the best of times, it was the worst of times, it was the age of wisdom, it was the age of foolishness, it was the epoch of Light, it was the season of Darkness, it was the spring of hope, it was the winter of despair, we had everything before us, we had nothing before us, we were all going direct to Heaven, we were all going direct the other way—in short, the period was so far like the present period, that some of its noisiest authorities insisted on its being received, for good or for evil, in the superlative degree of comparison only.

There were a king with a large jaw and a queen with a plain face on the throne of England; there were a king with a large jaw and a queen with a fair face, on the throne of France. In both countries it was clearer than crystal to the lords of the State preserves of loaves and fishes, that things in general were settled for ever.

It was the year of Our Lord one thousand seven hundred and seventy-five. Spiritual revelations were conceded to England at that favoured period, as at this. Mrs. Southcott

It was the best of times, it was the worst of times, it was the age of wisdom, it was the age of foolishness, it was the epoch of Light, it was the season of Darkness, it was the spring of hope, it was the winter of despair, we had everything before us, we had nothing before us, we were all going direct to Heaven, we were all going direct the other way—in short,

Läsbarheten i ett nytt typsnitt skall helst bedömas av personer som står utanför typspecialisternas lilla krets. Detaljer som av fackmannen bedömes som typografiskt intressanta kan för lekmannen verka direkt störande vid konsumerandet av texten. Läsaren har en omedveten uppfattning om antikvabokstavens normalform och reagerar för varje avvikelse mot denna. Det bör därför inte finnas något originellt drag i en ny antikvabokstav, ty då skulle den i längden bli olidlig att läsa. Vår tids antikvatyper är resultatet av en mycket varsam tolkning av bokstavsformer, vilka fulländades av de venetianska boktryckarna och stämpelskärarna redan under 1400-talets slut. En typtecknare som ämnar göra en ny antikva bör därför vara utrustad med goda kunskaper om bokstavens grundform och helst veta något om de hundratals försök som genom tiderna gjorts för att överträffa denna. Han måste arbeta med otroligt snävt begränsad rörelsefrihet, där fantasin på sin höjd kan få kretsa kring en linjes svaga böjning eller jämvikten i en stapel. En ny antikvabokstav blir aldrig färdig i de första utkasten. Den kan i isolerat tillstånd vara fulländat vacker, men i samma ögon-

Läsbarheten i ett nytt typsnitt skall helst bedömas av personer som står utanför typspecialisternas lilla krets. Detaljer som av fackmannen bedömes som typografiskt intressanta kan för lekmannen verka direkt störande vid konsumerandet av texten. Läsaren har en omedveten uppfattning om antikvabokstavens normalform och reagerar för varje avvikelse mot denna. Det bör därför inte finnas något originellt drag i en ny antikvabokstav, ty då skulle den i längden bli

Läsbarheten i ett nytt typsnitt skall helst bedömas av personer som står utanför typspecialisternas lilla krets. Detaljer som av fackmannen bedömes som typografiskt intressanta kan för lekmannen verka direkt störande vid konsumerandet av texten. Läsaren har en omedveten uppfattning om antikvabokstavens normalform och reagerar för varje avvikelse mot denna. Det bör därför inte finnas något originellt drag i en ny antikvabokstav, ty då skulle den i längden bli olidlig att läsa. Vår tids antikvatyper är resultatet av en mycket varsam tolkning av bokstavsformer, vilka fulländades av de venetianska boktryckarna och stämpelskärarna redan under 1400-talets slut. En typtecknare som ämnar göra en ny antikva bör därför vara utrustad med goda kunskaper om bokstavens grundform och helst veta något om de hundratals försök som genom tiderna gjorts för att överträffa denna. Han måste arbeta med otroligt snävt begränsad rörelsefrihet, där fantasin på sin höjd kan få kretsa kring en linjes svaga böjning eller jämvikten i en stapel. En ny antikvabokstav blir aldrig färdig i de första utkasten. Den kan i isolerat tillstånd vara fulländat vacker, men i samma ögonblick den ställes bredvid

Läsbarheten i ett nytt typsnitt skall helst bedömas av personer som står utanför typspecialisternas lilla krets. Detaljer som av fackmannen bedömes som typografiskt intressanta kan för lekmannen verka direkt störande vid konsumerandet av texten. Läsaren har en omedveten uppfattning om antikvabokstavens normalform och reagerar för varje avvikelse mot denna. Det bör därför inte finnas något originellt drag i en ny antikvabokstav, ty då skulle den i längden bli olidlig att läsa. Vår tids antikvatyper är resultatet av en mycket varsam tolkning av bokstavsformer, vilka fulländades av de venetianska boktryckarna och stämpelskärarna redan under 1400-talets slut. En typtecknare som ämnar göra en ny antikva bör därför vara utrustad med goda kunskaper om bokstavens grundform och helst veta något om de hundratals försök som genom tiderna gjorts för att överträffa denna. Han måste arbeta med otroligt snävt begränsad rörelsefrihet, där fantasin på sin höjd kan få kretsa kring en linjes svaga böjning eller jämvikten i en stapel. En ny antikvabokstav blir aldrig färdig i de första utkasten. Den kan i isolerat tillstånd vara fulländat vacker, men i samma ögonblick den ställes bredvid ett par andra bokstäver kan den verka

Läsbarheten i ett nytt typsnitt skall helst bedömas av personer som står utanför typspecialisternas lilla krets. Detaljer som av fackmannen bedömes som typografiskt intressanta kan för lekmannen verka direkt störande vid konsumerandet av texten. Läsaren har en omedveten uppfattning om antikvabokstavens normalform och reagerar för varje avvikelse mot denna. Det bör därför inte finnas något

Läsbarheten i ett nytt typsnitt skall helst bedömas av personer som står utanför typspecialisternas lilla krets. Detaljer som av fackmannen bedömes som typografiskt intressanta kan för lekmannen verka direkt störande vid konsumerandet av texten. Läsaren har en omedveten uppfattning om antikvabokstavens normalform och reagerar för varje avvikelse mot denna. Det bör därför inte finnas något originellt drag i en ny antikvabokstav, ty då skulle den i längden bli olidlig att läsa. Vår tids antikvatyper är resultatet av en mycket

This typeface is available only from European compositors.

Läsbarheten i ett nytt typsnitt skall helst bedömas av personer som står utanför typspecialisternas lilla krets. Detaljer som av fackmannen bedömes som typografiskt intressanta kan för lekmannen verka direkt störande vid konsumerandet av texten. Läsaren har en omedveten uppfattning om antikvabokstavens normalform och reagerar för varje avvikelse mot denna. Det bör därför inte finnas något originellt drag i en ny antikvabokstav, ty då skulle den i längden bli olidlig att läsa. Vår tids antikvatyper är resultatet av en mycket varsam tolkning av bokstavsformer, vilka fulländades av de venetianska boktryckarna och stämpelskärarna redan under 1400-talets slut. En typtecknare som ämnar göra en ny antikva bör därför vara utrustad med goda kunskaper om bokstavens grundform och helst veta något om de hundratals försök som genom tiderna gjorts för att överträffa denna. Han måste arbeta med otroligt snävt begränsad rörelsefrihet, där fantasin på sin höjd kan få kretsa kring en linjes svaga böjning eller jämvikten i en stapel. En ny antikvabokstav blir aldrig färdig i de första utkasten. Den kan i isolerat tillstånd vara fulländat vacker, men i samma ögonblick den ställes bredvid

Läsbarheten i ett nytt typsnitt skall helst bedömas av personer som står utanför typspecialisternas lilla krets. Detaljer som av fackmannen bedömes som typografiskt intressanta kan för lekmannen verka direkt störande vid konsumerandet av texten. Läsaren har en omedveten uppfattning om antikvabokstavens normalform och reagerar för varje avvikelse mot denna. Det bör därför inte

Läsbarheten i ett nytt typsnitt skall helst bedömas av personer som står utanför typspecialisternas lilla krets. Detaljer som av fackmannen bedömes som typografiskt intressanta kan för lekmannen verka direkt störande vid konsumerandet av texten. Läsaren har en omedveten uppfattning om antikvabokstavens normalform och reagerar för varje avvikelse mot denna. Det bör därför inte finnas något originellt drag i en ny antikvabokstav, ty då skulle den i längden bli olidlig att läsa. Vår tids antikvatyper är resultatet av en mycket varsam tolkning av bokstavsformer, vilka fulländades av de venetianska boktryckarna och stämpelskärarna redan under 1400-talets slut. En typtecknare som ämnar göra en ny antikva bör därför vara utrustad med goda kunskaper om bokstavens grundform och helst veta något om de hundratals försök som genom tiderna gjorts för att överträffa denna. Han måste arbeta med otroligt snävt begränsad rörelsefrihet, där fantasin på sin höjd kan få kretsa kring en linjes svaga böjning eller jämvikten i en stapel. En ny antikvabokstav blir aldrig färdig i de första utkasten. Den kan i isolerat tillstånd vara fulländat vacker, men i samma ögonblick den ställes bredvid ett par andra bokstäver kan den verka otymplig. Varje ny bokstav förändrar på detta sätt sitt

Läsbarheten i ett nytt typsnitt skall helst bedömas av personer som står utanför typspecialisternas lilla krets. Detaljer som av fackmannen bedömes som typografiskt intressanta kan för lekmannen verka direkt störande vid konsumerandet av texten. Läsaren har en omedveten uppfattning om antikvabokstavens normalform och reagerar för varje avvikelse mot denna. Det bör därför inte finnas något originellt drag i en ny antikvabokstav, ty då skulle

Läsbarheten i ett nytt typsnitt skall helst bedömas av personer som står utanför typspecialisternas lilla krets. Detaljer som av fackmannen bedömes som typografiskt intressanta kan för lekmannen verka direkt störande vid konsumerandet av texten. Läsaren har en omedveten uppfattning om antikvabokstavens normalform och reagerar för varje avvikelse mot denna. Det bör därför inte finnas något originellt drag i en ny antikvabokstav, ty då skulle den i längden bli olidlig att läsa. Vår tids antikvatyper är resultatet av en mycket varsam tolkning av bokstavsformer, vilka fulländades av de venetianska boktryckarna och stämpelskärarna redan under 1400-talets slut. En typtecknare som ämnar göra en ny antikva bör därför vara utrustad med goda kunskaper om bokstavens grundform och helst veta något om de hundratals försök som genom tiderna gjorts för att överträffa denna. Han måste arbeta med otroligt snävt begränsad rörelsefrihet, där fantasin på sin höjd kan få kretsa kring en linjes svaga böjning eller jämvikten i en stapel. En ny antikvabokstav blir aldrig färdig i de första utkasten. Den kan i isolerat tillstånd vara fulländat vacker, men i samma ögonblick den ställes bredvid

Läsbarheten i ett nytt typsnitt skall helst bedömas av personer som står utanför typspecialisternas lilla krets. Detaljer som av fackmannen bedömes som typografiskt intressanta kan för lekmannen verka direkt störande vid konsumerandet av texten. Läsaren har en omedveten uppfattning om antikvabokstavens normalform och reagerar för varje avvikelse mot denna. Det bör därför inte finnas något originellt drag i en ny antikvabokstav, ty då skulle den i längden bli olidlig att läsa. Vår tids

*This typeface is available only from European compositors.

317

Läsbarheten i ett nytt typsnitt skall helst bedömas av personer som står utanför typspecialisternas lilla krets. Detaljer som av fackmannen bedömes som typografiskt intressanta kan för lekmannen verka direkt störande vid konsumerandet av texten. Läsaren har en omedveten uppfattning om antikvabokstavens normalform och reagerar för varje avvikelse mot denna. Det bör därför inte finnas något originellt drag i en ny antikvabokstav, ty då skulle den i längden bli olidlig att läsa. Vår tids antikvatyper är resultatet av en mycket varsam tolkning av bokstavsformer, vilka fulländades av de venetianska boktryckarna och stämpelskärarna redan under 1400-talets slut. En typtecknare som ämnar göra en ny antikva bör därför vara utrustad med goda kunskaper om bokstavens grundform och helst veta något om de hundratals försök som genom tiderna gjorts för att överträffa denna. Han måste arbeta med otroligt snävt begränsad rörelsefrihet, där fantasin på sin höjd kan få kretsa kring en linjes svaga böjning eller jämvikten i en stapel. En ny antikvabokstav blir aldrig färdig i de första utkasten. Den kan i

It was the best of times, it was the worst of times, it was the age of wisdom, it was the age of foolishness, it was the epoch of Light, it was the season of Darkness, it was the spring of hope, it was the winter of despair, we had everything before us, we had nothing before us, we were all going direct to Heaven, we were all going direct the other way—in short, the period was so far like the present period, that some of its noisiest authorities insisted on its being received, for good or for evil, in the superlative degree of comparison only.

There were a king with a large jaw and a queen with a plain face on the throne of England; there were a king with a large jaw and a queen with a fair face, on the throne of France. In both countries it was clearer than crystal to the lords of the State preserves of loaves and fishes, that things in general were settled for ever.

It was the year of Our Lord one thousand seven hundred and seventy-five. Spiritual revelations were conceded to England at that favoured period, as at this. Mrs. Southcott had recently attained her five-and-twentieth blessed birthday, of

Läsbarheten i ett nytt typsnitt skall helst bedömas av personer som står utanför typspecialisternas lilla krets. Detaljer som av fackmannen bedömes som typografiskt intressanta kan för lekmannen verka direkt störande vid konsumerandet av texten. Läsaren har en omedveten uppfattning om antikvabokstavens normalform och reagerar för varje avvikelse mot denna. Det bör därför inte finnas något originellt drag i en ny antikvabokstav, ty då skulle den i längden bli olidlig att läsa. Vår tids antikvatyper är resultatet av en mycket varsam tolkning av bokstavsformer, vilka fulländades av de venetianska boktryckarna och stämpelskärarna redan under 1400-talets slut. En typtecknare som ämnar göra en ny antikva bör därför vara utrustad med goda kunskaper om bokstavens grundform och helst veta något om de hundratals försök som genom tiderna gjorts för att överträffa denna. Han måste arbeta med otroligt snävt begränsad rörelsefrihet, där fantasin på sin höjd kan få kresta kring en linjes svaga böjning eller jämvikten i en stapel. En ny antikvabokstav blir aldrig färdig i de första

Läsbarheten i ett nytt typsnitt skall helst bedömas av personer som står utanför typspecialisternas lilla krets. Detaljer som av fackmannen bedömes som typografiskt intressanta kan för lekmannen verka direkt störande vid konsumerandet av texten. Läsaren har en omedveten uppfattning om antikvabokstavens normalform och reagerar för varje avvikelse mot denna. Det

It was the best of times, it was the worst of times, it was the age of wisdom, it was the age of foolishness, it was the epoch of Light, it was the season of Darkness, it was the spring of hope, it was the winter of despair, we had everything before us, we had nothing before us, we were all going direct to Heaven, we were all going direct the other way—in short, the period was so far like the pre-

Läsbarheten i ett nytt typsnitt skall helst bedömas av personer som står utanför typspecialisternas lilla krets. Detaljer som av fackmannen bedömes som typografiskt intressanta kan för lekmannen verka direkt störande vid konsumerandet av texten. Läsaren har en omedveten uppfattning om antikvabokstavens normalform och reagerar för varje avvikelse mot denna. Det bör

*This typeface is available only from European compositors.

It was the best of times, it was the worst of times, it was the age of wisdom, it was the age of foolishness, it was the epoch of Light, it was the season of Darkness, it was the spring of hope, it was the winter of despair, we had everything before us, we had nothing before us, we were all going direct to Heaven, we were all going direct the other way— in short, the period was so far like the present period, that some of its noisiest authorities insisted on its being received, for good or for evil, in the superlative degree of comparison only.

There were a king with a large jaw and a queen with a plain face on the throne of England; there were a king with a large jaw and a queen with a fair face, on the throne of France. In both countries it was clearer than crystal to the lords of the State preserves of loaves and fishes, that things in general were settled for ever.

It was the year of Our Lord one thousand seven hundred and seventy-five. Spiritual revelations were conceded to England at that favoured period, as at this. Mrs. Southcott had recently attained her five-and-twentieth blessed birthday, of whom a prophetic private in the Life Guards had heralded

*Läsbarheten i ett nytt typsnitt skall helst bedömas av personer som star utanför typ-specialisternas lilla krets. Detaljer som av fackmannen bedömes som typografiskt int-ressanta kan för lekmannen verka direkt störande vid konsumerandet av texten. Läsaren har en omedveten uppfattning om antikvabokstavens normalform och rea-gerar för varje avvikelse mot denna. Det bör därför inte finnas nagot originellt drag i en ny antikvabokstav, ty da skulle den i längden bli olidlig att läsa. Var tids antik-vatyper är resultatet av en mycket varsam tolkning av bokstavsformer, vilka fulländades av de venetianska boktryckarna och stämpelskärarna redan under 1400·talets slut. En typtecknare som ämnar göra en ny antikva bör därför vara utrustad med goda kunskaper om bokstavens grundform och helst veta nagot om de hundratals försök som genom tiderna gjorts för att överträffa denna. Han maste arbeta med otroligt snävt begränsad rörelsefrihet, där fantasin pa sin höjd kan fa kretsa kring

It was the best of times, it was the worst of times, it was the age of wisdom, it was the age of foolishness, it was the epoch of Light, it was the season of Darkness, it was the spring of hope, it was the winter of despair, we had everything before us, we had nothing before us, we were all going direct to Heaven, we were all going direct the other way—in short, the period was so far like the present period, that some of its noisiest authorities insisted on its being received, for good or for evil, in the superlative degree of comparison only.

There were a king with a large jaw and a queen with a plain face on the throne of England; there were a king with a large jaw and a queen with a fair face, on the throne of France. In both countries it was clearer than crystal to the lords of the State preserves of loaves and fishes, that things in general were settled for ever.

It was the year of Our Lord one thousand seven hundred and seventy-five. Spiritual revelations were conceded to England at that favoured period, as at this. Mrs. Southcott had recently attained her five-and-twentieth blessed birthday, of whom a prophetic private in the Life Guards had heralded

*It was the best of times, it was the worst of times, it was the age of wisdom, it was the age of foolishness, it was the epoch of Light, it was the season of Darkness, it was the spring of hope, it was the winter of despair, we had everything before us, we had nothing before us, we were all going direct to Heaven, we were all going direct the other way—in short, the period was so far like the present period, that some of its noisiest authorities insisted on its being received, for good or for evil, in the

It was the best of times, it was the worst of times, it was the age of wisdom, it was the age of foolishness, it was the epoch of Light, it was the season of Darkness, it was the spring of hope, it was the winter of despair, we had everything before us, we had nothing before us, we were all going direct to Heaven, we were all going direct the other way— in short, the period was so far like the present

Läsbarheten i ett nytt typsnitt skall helst bedömas av personer son star utanför typ-specialisternas lilla krets. Detaljer som av fakmannen bedömes som typografiskt intres-santa kan för lekmannen verka direkt stö-rande vid konsumerandet av texten. Läsaren har en omedveten uppfattning om antikva-bokstavens normalform och reagerar för varje

Läsbarheten i ett nytt typsnitt skall helst bedömas av personer som står utanför typspecialisternas lilla krets. Detaljer som av fackmannen bedömes som typografiskt intressanta kan för lekmannen verka direkt störande vid konsumerandet av texten. Läsaren har en omedveten uppfattning om antikvabokstavens normalform och reagerar för varje avvikelse mot denna. Det bör därför inte finnas något originellt drag i en ny antikvabokstav, ty då skulle den i längden bli olidlig att läsa. Vår tids antikvatyper är resultatet av en mycket varsam tolkning av bokstavsformer, vilka fulländades av de venetianska boktryckarna och stämpelskärarna redan under 1400-talets slut. En typtecknare som ämnar göra en ny antikva bör därför vara utrustad med goda kunskaper om bokstavens grundform och helst veta något om de hundratals försök som genom tiderna gjorts för att överträffa denna. Han måste arbeta med otroligt snävt begränsad rörelsefrihet, där fantasin på sin höjd kan få kretsa kring en linjes svaga böjning eller jämvikten i en stapel. En ny antikvabokstav blir aldrig färdig i de första

Läsbarheten i ett nytt typsnitt skall helst bedömas av personer som står utanför typspecialisternas lilla krets. Detaljer som av fackmannen bedömes som typografiskt intressanta kan för lekmannen verka direkt störande vid konsumerandet av texten. Läsaren har en omedveten uppfattning om antikvabokstavens normalform och reagerar för varje avvikelse mot denna. Det

It was the best of times, it was the worst of times, it was the age of wisdom, it was the age of foolishness, it was the epoch of Light, it was the season of Darkness, it was the spring of hope, it was the winter of despair, we had everything before us, we had nothing before us, we were all going direct to Heaven, we were all going direct the other way—in short, the period was so far like the present period, that some of its noisiest authorities insisted on its being received, for good or for evil, in the superlative degree of comparison only.

There were a king with a large jaw and a queen with a plain face on the throne of England; there were a king with a large jaw and a queen with a fair face, on the throne of France. In both countries it was clearer than crystal to the lords of the State preserves of loaves and fishes, that things in general were settled for ever.

It was the year of Our Lord one thousand seven hundred and seventy-five. Spiritual revelations were conceded to England at that favoured period, as at this. Mrs. Southcott had

It was the best of times, it was the worst of times, it was the age of wisdom, it was the age of foolishness, it was the epoch of Light, it was the season of Darkness, it was the spring of hope, it was the winter of despair, we had everything before us, we had nothing before us, we were all going direct to Heaven, we were all going direct the other way—in short, the period was so far like the present period, that some of its noisiest

Läsbarheten i ett nytt typsnitt skall helst bedömas av personer som står utanför typspecialisternas lilla krets. Detaljer som av fackmannen bedömes som typografiskt intressanta kan för lekmannen verka direkt störande vid konsumerandet av texten. Läsaren har en omedveten uppfattning om antikvabokstavens normalform och reagerar för varje avvikelse mot denna. Det bör därför inte finnas något originellt drag i en ny antikvabokstav, ty då skulle den i längden bli olidlig att läsa. Vår tids antikvatyper är resultatet av en mycket varsam tolkning av bokstavsformer, vilka fulländades av de venetianska boktryckarna och stämpelskärarna redan under 1400-talets slut. En typtecknare som ämnar göra en ny antikva bör därför vara utrustad med goda kunskaper om bokstavens grundform och helst veta något om de hundratals försök som genom tiderna gjorts för att överträffa denna. Han måste arbeta med otroligt snävt begränsad rörelsefrihet, där fantasin på sin höjd kan få kretsa kring en linjes svaga böjning eller jämvikten i en stapel. En ny antikvabokstav

Läsbarheten i ett nytt typsnitt skall helst bedömas av personer som står utanför typspecialisternas lilla krets. Detaljer som av fackmannen bedömes som typografiskt intressanta kan för lekmannen verka direkt störande vid konsumerandet av texten. Läsaren har en omedveten uppfattning om antikvabokstavens normalform och reagerar för varje avvikelse mot denna. Det bör därför inte finnas något originellt drag

*This typeface is available only from European compositors.

Läsbarheten i ett nytt typsnitt skall helst bedömas av personer som står utanför typspecialisternas lilla krets. Detaljer som av fackmannen bedömes som typografiskt intressanta kan för lekmannen verka direkt störande vid konsumerandet av texten. Läsaren har en omedveten uppfattning om antikvabokstavens normalform och reagerar för varje avvikelse mot denna. Det bör därför inte finnas något originellt drag i en ny antikvabokstav, ty då skulle den i längden bli olidlig att läsa. Vår tids antikvatyper är resultatet av en mycket varsam tolkning av bokstavsformer, vilka fulländades av de venetianska boktryckarna och stämpelskärarna redan under 1400-talets slut. En typtecknare som ämnar göra en ny antikva bör därför vara utrustad med goda kunskaper om bokstavens grundform och helst veta något om de hundratals försök som genom tiderna gjorts för att överträffa denna. Han måste arbeta med otroligt snävt begränsad rörelsefrihet, där fantasin på sin höjd kan få kretsa kring en linjes svaga böjning eller jämvikten i en stapel. En ny antikvabokstav blir aldrig färdig i de första

Läsbarheten i ett nytt typsnitt skall helst bedömas av personer som står utanför typspecialisternas lilla krets. Detaljer som av fackmannen bedömes som typografiskt intressanta kan för lekmannen verka direkt störande vid konsumerandet av texten. Läsaren har en omedveten uppfattning om antikvabokstavens normalform och reagerar för varje avvikelse mot denna. Det bör därför inte finnas något originellt drag i en ny antikvabokstav, ty då skulle den i längden bli olidlig att läsa. Vår tids antikvatyper är resultatet av en mycket varsam tolkning av bokstavsformer, vilka fulländades av de venetianska boktryckarna och stämpelskärarna redan under 1400-talets slut. En typtecknare som ämnar göra en ny antikva bör därför vara utrustad med goda kunskaper om bokstavens grundform och helst veta något om de hundratals försök som genom tiderna gjorts för att överträffa denna. Han måste arbeta med otroligt snävt begränsad rörelsefrihet, där fantasin på sin höjd kan få kretsa kring en linjes svaga böjning eller jämvikten i en stapel. En ny antikvabokstav blir aldrig färdig i de första utkasten. Den kan i isolerat tillstånd vara fulländat vacker, men i samma ögonblick den ställes bredvid

It was the best of times, it was the worst of times, it was the age of wisdom, it was the age of foolishness, it was the epoch of Light, it was the season of Darkness, it was the spring of hope, it was the winter of despair, we had everything before us, we had nothing before us, we were all going direct to Heaven, we were all going direct the other way — in short, the period was so far like the present period, that some of its noisiest authorities insisted on its being received, for good or for evil, in the superlative degree of comparison only.

There were a king with a large jaw and a queen with a plain face on the throne of England; there were a king with a large jaw and a queen with a fair face, on the throne of France. In both countries it was clearer than crystal to the lords of the State preserves of loaves and fishes, that things in general were settled for ever.

It was the year of Our Lord one thousand seven hundred and seventy-five. Spiritual revelations were conceded to England at that favoured period, as at this. Mrs. Southcott had recently attained her five-and-twentieth blessed birthday, of whom a prophetic private in the Life Guards

Läsbarheten i ett nytt typsnitt skall helst bedömas av personer som står utanför typspecialisternas lilla krets. Detaljer som av fackmannen bedömes som typografiskt intressanta kan för lekmannen verka direkt störande vid konsumerandet av texten. Läsaren har en omedveten uppfattning om antikvabokstavens normalform och reagerar för varje avvikelse mot denna. Det bör därför inte finnas något

Läsbarheten i ett nytt typsnitt skall helst bedömas av personer som står utanför typspecialisternas lilla krets. Detaljer som av fackmannen bedömes som typografiskt intressanta kan för lekmannen verka direkt störande vid konsumerandet av texten. Läsaren har en omedveten uppfattning om antikvabokstavens normalform och reagerar för varje avvikelse mot denna. Det bör därför inte finnas något originellt drag i en ny antikvabok-

It was the best of times, it was the worst of times, it was the age of wisdom, it was the age of foolishness, it was the epoch of Light, it was the season of Darkness, it was the spring of hope, it was the winter of despair, we had everything before us, we had nothing before us, we were all going direct to Heaven, we were all going direct the other way — in short, the period was so far like the present period, that some of its noisiest authorities in-

It was the best of times, it was the worst of times, it was the age of wisdom, it was the age of foolishness, it was the epoch of Light, it was the season of Darkness, it was the spring of hope, it was the winter of despair, we had everything before us, we had nothing before us, we were all going direct to Heaven, we were all going direct the other way—in short, the period was so far like the present period, that some of its noisiest authorities insisted on its being received, for good or for evil, in the superlative degree of comparison only.

There were a king with a large jaw and a queen with a plain face on the throne of England; there were a king with a large jaw and a queen with a fair face, on the throne of France. In both countries it was clearer than crystal to the lords of the State preserves of loaves and fishes, that things in general were settled for ever.

It was the year of Our Lord one thousand seven hundred and seventy-five. Spiritual revelations were conceded to England at that favoured period, as at this. Mrs. Southcott had recently attained her five-and-twentieth blessed birthday,

It was the best of times, it was the worst of times, it was the age of wisdom, it was the age of foolishness, it was the epoch of Light, it was the season of Darkness, it was the spring of hope, it was the winter of despair, we had everything before us, we had nothing before us, we were all going direct to Heaven, we were all going direct the other way—in short, the period was so far like the present period,

Läsbarheten i ett nytt typsnitt skall helst bedömas av personer som står utanför typspecialisternas lilla krets. Detaljer som av fackmannen bedömes som typografiskt interessanta kan för lekmannen verka direkt störande vid konsumerandet av texten. Läsaren har en omedveten uppfattning om antikvabokstavens normalform och reagerar för varje avvikelse mot denna. Det bör därför inte finnas något originellt drag i en ny antikvabokstav, ty då skulle den i längden bli olidlig att läsa. Vår tids antikvatyper är resultatet av en mycket varsam tolkning av bokstavsformer, vilka fulländades av de venetianska boktryckarna och stämpelskärarna redan under 1400-talets slut. En typtecknare som ämnar göra en ny antikva bör därför vara utrustad med goda kunskaper om bokstavens grundform och helst veta något om de hundratals försök som genom tiderna gjorts för att överträffa denna. Han måste arbeta med otroligt snävt begränsad rörelsefrihet, där fantasin på sin höjd kan få kretsa kring en linjes svaga böjning eller jämvikten i en stapel. En ny antikvabokstav blir aldrig färdig i de första utkasten. Den kan i iso-

Läsbarheten i ett nytt typsnitt skall helst bedömas av personer som står utanför typspecialisternas lilla krets. Detaljer som av fackmannen bedömes som typografiskt interessanta kan för lekmannen verka direkt störande vid konsumerandet av texten. Läsaren har en omedveten uppfattning om antikvabokstavens normalform och reagerar för varje avvikelse mot denna. Det

It was the best of times, it was the worst of times, it was the age of wisdom, it was the age of foolishness, it was the epoch of Light, it was the season of Darkness, it was the spring of hope, it was the winter of despair, we had everything before us, we had nothing before us, we were all going direct to Heaven, we were all going direct the other way—in short, the period was so far like the present period, that some of its noisiest authorities insisted on its being received, for good or for evil, in the superlative degree of comparison only.

There were a king with a large jaw and a queen with a plain face on the throne of England; there were a king with a large jaw and a queen with a fair face, on the throne of France. In both countries it was clearer than crystal to the lords of the State preserves of loaves and fishes, that things in general were settled for ever.

It was the year of Our Lord one thousand seven hundred and seventy-five. Spiritual revelations were conceded to England at that favoured period, as at this. Mrs. Southcott had recently attained her five-and-twentieth blessed

It was the best of times, it was the worst of times, it was the age of wisdom, it was the age of foolishness, it was the epoch of Light, it was the season of Darkness, it was the spring of hope, it was the winter of despair, we had everything before us, we had nothing before us, we were all going direct to Heaven, we were all going direct the other way—in short, the period was so far like the

This typeface is available only from European compositors.

It was the best of times, it was the worst of times, it was the age of wisdom, it was the age of foolishness, it was the epoch of Light, it was the season of Darkness, it was the spring of hope, it was the winter of despair, we had everything before us, we had nothing before us, we were all going direct to Heaven, we were all going direct the other way—in short, the period was so far like the present period, that some of its noisiest authorities insisted on its being received, for good or for evil, in the superlative degree of comparison only.

There were a king with a large jaw and a queen with a plain face on the throne of England; there were a king with a large jaw and a queen with a fair face, on the throne of France. In both countries it was clearer than crystal to the lords of the State preserves of loaves and fishes, that things in general were settled for ever.

It was the year of Our Lord one thousand seven hundred and seventy-five. Spiritual revelations were conceded to England at that favoured period, as at this. Mrs. Southcott had recently attained her five-and-twentieth blessed birthday, of whom a prophetic private in the Life Guards had heralded

It was the best of times, it was the worst of times, it was the age of wisdom, it was the age of foolishness, it was the epoch of Light, it was the season of Darkness, it was the spring of hope, it was the winter of despair, we had everything before us, we had nothing before us, we were all going direct to Heaven, we were all going direct the other way—in short, the period was so far like the present

It was the best of times, it was the worst of times, it was the age of wisdom, it was the age of foolishness, it was the epoch of Light, it was the season of Darkness, it was the spring of hope, it was the winter of despair, we had everything before us, we had nothing before us, we were all going direct to Heaven, we were all going direct the other way—in short, the period was so far like the present period, that some of its noisiest authorities insisted on its being received, for good or for evil, in the superlative degree of comparison only.

There were a king with a large jaw and a queen with a plain face on the throne of England; there were a king with a large jaw and a queen with a fair face, on the throne of France. In both countries it was clearer than crystal to the lords of the State preserves of loaves and fishes, that things in general were settled for ever.

It was the year of Our Lord one thousand seven hundred and seventy-five. Spiritual revelations were conceded to England at that favoured period, as at this. Mrs. Southcott had

It was the best of times, it was the worst of times, it was the age of wisdom, it was the age of foolishness, it was the epoch of Light, it was the season of Darkness, it was the spring of hope, it was the winter of despair, we had everything before us, we had nothing before us, we were all going direct to Heaven, we were all going direct the other way—in short, the

It was the best of times, it was the worst of times, it was the age of wisdom, it was the age of foolishness, it was the epoch of Light, it was the season of Darkness, it was the spring of hope, it was the winter of despair, we had everything before us, we had nothing before us, we were all going direct to Heaven, we were all going direct the other way—in short, the period was so far like the present period, that some of its noisiest authorities insisted on its being received, for good or for evil, in the superlative degree of comparison only.

There were a king with a large jaw and a queen with a plain face on the throne of England; there were a king with a large jaw and a queen with a fair face, on the throne of France. In both countries it was clearer than crystal to the lords of the State preserves of loaves and fishes, that things in general were settled for ever.

It was the year of Our Lord one thousand seven hundred and seventy-five. Spiritual revelations were conceded to England at that favoured period, as at this. Mrs. Southcott had recently attained her five-and-twentieth blessed birthday, of whom a prophetic private in the Life Guards had heralded

It was the best of times, it was the worst of times, it was the age of wisdom, it was the age of foolishness, it was the epoch of Light, it was the season of Darkness, it was the spring of hope, it was the winter of despair, we had everything before us, we had nothing before us, we were all going direct to Heaven, we were all going direct the other way—in short, the period was so far like the present period, that some of its noisiest authorities

Läsbarheten i ett nytt typsnitt skall helst bedömas av personer som står utanför typspecialisternas lilla krets. Detaljer som av fackmannen bedömes som typografiskt intressanta kan för lekmannen verka direkt störande vid konsumerandet av texten. Läsaren har en omedveten uppfattning om antikvabokstavens normalform och reagerar för varje avvikelse mot denna. Det bör därför inte finnas något originellt drag i en ny antikvabokstav, ty då skulle den i längden bli olidlig att läsa. Vår tids antikvatyper är resultatet av en mycket varsam tolkning av bokstavsformer, vilka fulländades av de venetianska boktryckarna och stämpelskärarna redan under 1400-talets slut. En typtecknare som ämnar göra en ny antikva bör därför vara utrustad med goda kunskaper om bokstavens grundform och helst veta något om de hundratals försök som genom tiderna gjorts för att överträffa denna. Han måste arbeta med otroligt snävt begränsad rörelsefrihet, där fantasin på sin höjd kan få kretsa kring en linjes svaga böjning eller jämvikten i en stapel. En ny antikvabokstav blir aldrig färdig i de förs-

Läsbarheten i ett nytt typsnitt skall helst bedömas av personer som står utanför typspecialisternas lilla krets. Detaljer som av fackmannen bedömes som typografiskt intressanta kan för lekmannen verka direkt störande vid konsumerandet av texten. Läsaren har en omedveten uppfattning om antikvabokstavens normalform och reagerar för varje avvikelse mot denna.

Läsbarheten i ett nytt typsnitt skall helst bedömas av personer som står utanför typspecialisternas lilla krets. Detaljer som av fackmannen bedömes som typografiskt intressanta kan för lekmannen verka direkt störande vid konsumerandet av texten. Läsaren har en omedveten uppfattning om antikvabokstavens normalform och reagerar för varje avvikelse mot denna. Det bör därför inte finnas något originellt drag i en ny antikvabokstav, ty då skulle den i längden bli olidlig att läsa. Vår tids antikvatyper är resultatet av en mycket varsam tolkning av bokstavsformer, vilka fulländades av de venetianska boktryckarna och stämpelskärarna redan under 1400-talets slut. En typtecknare som ämnar göra en ny antikva bör därför vara utrustad med goda kunskaper om bokstavens grundform och helst veta något om de hundratals försök som genom tiderna gjorts för att överträffa denna. Han måste arbeta med otroligt snävt begränsad rörelsefrihet, där fantasin på sin höjd kan få kretsa kring en linjes svaga böjning eller jämvikten i en stapel. En ny antikvabokstav blir aldrig färdig i de första utkasten. Den kan i isolerat

Läsbarheten i ett nytt typsnitt skall helst bedömas av personer som står utanför typspecialisternas lilla krets. Detaljer som av fackmannen bedömes som typografiskt intressanta kan för lekmannen verka direkt störande vid konsumerandet av texten. Läsaren har en omedveten uppfattning om antikvabokstavens normalform och reagerar för varje avvikelse mot denna. Det

Läsbarheten i ett nytt typsnitt skall helst bedömas av personer som står utanför typspecialisternas lilla krets. Detaljer som av fackmannen bedömes som typografiskt intressanta kan för lekmannen verka direkt störande vid konsumerandet av texten. Läsaren har en omedveten uppfattning om antikvabokstavens normalform och reagerar för varje avvikelse mot denna. Det bör därför inte finnas något originellt drag i en ny antikvabokstav, ty då skulle den i längden bli olidlig att läsa. Vår tids antikvatyper är resultatet av en mycket varsam tolkning av bokstavsformer, vilka fulländades av de venetianska boktryckarna och stämpelskärarna redan under 1400-talets slut. En typtecknare som ämnar göra en ny antikva bör därför vara utrustad med goda kunskaper om bokstavens grundform och helst veta något om de hundratals försök som genom tiderna gjorts för att överträffa denna. Han måste arbeta med otroligt snävt begränsad rörelsefrihet, där fantasin på sin höjd kan få kretsa kring en linjes svaga böjning eller

Läsbarheten i ett nytt typsnitt skall helst bedömas av personer som står utanför typspecialisternas lilla krets. Detaljer som av fackmannen bedömes som typografiskt intressanta kan för lekmannen verka direkt störande vid konsumerandet av texten. Läsaren har en omedveten uppfattning om antikvabokstavens normalform och reage-

*This typeface is available only from European compositors.

It was the best of times, it was the worst of times, it was the age of wisdom, it was the age of foolishness, it was the epoch of Light, it was the season of Darkness, it was the spring of hope, it was the winter of despair, we had everything before us, we had nothing before us, we were all going direct to Heaven, we were all going direct the other way—in short, the period was so far like the present period, that some of its noisiest authorities insisted on its being received, for good or for evil, in the superlative degree of comparison only.

There were a king with a large jaw and a queen with a plain face on the throne of England; there were a king with a large jaw and a queen with a fair face, on the throne of France. In both countries it was clearer than crystal to the lords of the State preserves of loaves and fishes, that things in general were settled for ever.

It was the year of Our Lord one thousand seven hundred and seventy-five. Spiritual revelations were conceded to England at that favoured period, as at this. Mrs. Southcott had recently attained her five-and-twentieth blessed birthday,

It was the best of times, it was the worst of times, it was the age of wisdom, it was the age of foolishness, it was the epoch of Light, it was the season of Darkness, it was the spring of hope, it was the winter of despair, we had everything before us, we had nothing before us, we were all going direct to Heaven, we were all going direct the other way—in short, the period was so far

Läsbarheten i ett nytt typsnitt skall helst bedömas av personer som står utanför typspecialisternas lilla krets. Detaljer som av fackmannen bedömes som typografiskt intressanta kan för lekmannen verka direkt störande vid konsumerandet av texten. Läsaren har en omedveten uppfattning om antikvabokstavens normalform och reagerar för varje avvikelse mot denna. Det bör därför inte finnas något originellt drag i en ny antikvabokstav, ty då skulle den i längden bli olidlig att läsa. Vår tids antikvatyper är resultatet av en mycket varsam tolkning av bokstavsformer, vilka fulländades av de venetianska boktryckarna och stämpelskärarna redan under 1400-talets slut. En typtecknare som ämnar göra en ny antikva bör därför vara utrustad med goda kunskaper om bokstavens grundform och helst veta något om de hundratals försök som genom tiderna gjorts för att överträffa denna. Han måste arbeta med otroligt snävt begränsad rörelsefrihet, där fantasin på sin höjd kan få kretsa kring en linjes svaga böjning eller jämvikten i en stapel. En ny antikvabokstav blir aldrig fär-

Läsbarheten i ett nytt typsnitt skall helst bedömas av personer som står utanför typspecialisternas lilla krets. Detaljer som av fackmannen bedömes som typografiskt intressanta kan för lekmannen verka direkt störande vid konsumerandet av texten. Läsaren har en omedveten uppfattning om antikvabokstavens normalform och reagerar för varje avvikelse mot denna. Det bör därför inte finnas

It was the best of times, it was the worst of times, it was the age of wisdom, it was the age of foolishness, it was the epoch of Light, it was the season of Darkness, it was the spring of hope, it was the winter of despair, we had everything before us, we had nothing before us, we were all going direct to Heaven, we were all going direct the other way—in short, the period was so far like the present period, that some of its noisiest authorities insisted on its being received, for good or for evil, in the superlative degree of comparison only.

There were a king with a large jaw and a queen with a plain face on the throne of England; there were a king with a large jaw and a queen with a fair face, on the throne of France. In both countries it was clearer than crystal to the lords of the State preserves of loaves and fishes, that things in general were settled for ever.

It was the year of Our Lord one thousand seven hundred and seventy-five. Spiritual revelations were conceded to England at that favoured period, as at this. Mrs. Southcott had recently attained her five-and-twentieth blessed birthday, of whom a prophetic private in the Life Guards had heralded the sublime appearance by announcing that arrangements were

It was the best of times, it was the worst of times, it was the age of wisdom, it was the age of foolishness, it was the epoch of Light, it was the season of Darkness, it was the spring of hope, it was the winter of despair, we had everything before us, we had nothing before us, we were all going direct to Heaven, we were all going direct the other way—in short, the period was so far like the present period, that some of its noisiest au-

Läsbarheten i ett nytt typsnitt skall helst bedömas av personer som står utanför typspecialisternas lilla krets. Detaljer som av fackmannen bedömes som typografiskt intressanta kan för lekmannen verka direkt störande vid konsumerandet av texten. Läsaren har en omedveten uppfattning om antikvabokstavens normalform och reagerar för varje avvikelse mot denna. Det bör därför inte finnas något originellt drag i en ny antikvabokstav, ty då skulle den i längden bli olidlig att läsa. Vår tids antikvatyper är resultatet av en mycket varsam tolkning av bokstavsformer, vilka fulländades av de venetianska boktryckarna och stämpelskärarna redan under 1400-talets slut. En typtecknare som ämnar göra en ny antikva bör därför vara utrustad med goda kunskaper om bokstavens grundform och helst veta något om de hundratals försök som genom tiderna gjorts för att överträffa denna. Han måste arbeta med otroligt snävt begränsad rörelsefrihet, där fantasin på sin höjd kan få kretsa kring en linjes svaga böjning eller jämvikten i en stapel. En ny antikvabokstav blir aldrig färdig i de första

Läsbarheten i ett nytt typsnitt skall helst bedömas av personer som står utanför typspecialisternas lilla krets. Detaljer som av fackmannen bedömes som typografiskt intressanta kan för lekmannen verka direkt störande vid konsumerandet av texten. Läsaren har en omedveten uppfattning om antikvabokstavens normalform och reagerar för varje avvikelse mot denna. Det bör

Läsbarheten i ett nytt typsnitt skall helst bedömas av personer som står utanför typspecialisternas lilla krets. Detaljer som av fackmannen bedömes som typografiskt intressanta kan för lekmannen verka direkt störande vid konsumerandet av texten. Läsaren har en omedveten uppfattning om antikvabokstavens normalform och reagerar för varje avvikelse mot denna. Det bör därför inte finnas något originellt drag i en ny antikvabokstav, ty då skulle den i längden bli olidlig att läsa. Vår tids antikvatyper är resultatet av en mycket varsam tolkning av bokstavsformer, vilka fulländades av de venetianska boktryckarna och stämpelskärarna redan under 1400-talets slut. En typtecknare som ämnar göra en ny antikva bör därför vara utrustad med goda kunskaper om bokstavens grundform och helst veta något om de hundratals försök som genom tiderna gjorts för att överträffa denna. Han måste arbeta med otroligt snävt begränsad rörelsefrihet, där fantasin på sin höjd kan få kretsa kring en linjes svaga böjning eller jämvikten i en stapel. En ny antikvabokstav blir aldrig färdig i de första utkasten. Den kan i isolerat tillstånd vara fulländat vacker, men i

Läsbarheten i ett nytt typsnitt skall helst bedömas av personer som står utanför typspecialisternas lilla krets. Detaljer som av fackmannen bedömes som typografiskt intressanta kan för lekmannen verka direkt störande vid konsumerandet av texten. Läsaren har en omedveten uppfattning om antikvabokstavens normalform och reagerar för varje avvikelse mot denna. Det bör därför inte finnas något originellt

It was the best of times, it was the worst of times, it was the age of wisdom, it was the age of foolishness, it was the epoch of Light, it was the season of Darkness, it was the spring of hope, it was the winter of despair, we had everything before us, we had nothing before us, we were all going direct to Heaven, we were all going direct the other way—in short, the period was so far like the present period, that some of its noisiest authorities insisted on its being received, for good or for evil, in the superlative degree of comparison only.

There were a king with a large jaw and a queen with a plain face on the throne of England; there were a king with a large jaw and a queen with a fair face, on the throne of France. In both countries it was clearer than crystal to the lords of the State preserves of loaves and fishes, that things in general were settled for ever.

It was the year of Our Lord one thousand seven hundred and seventy-five. Spiritual revelations were conceded to England at that favoured period, as at this. Mrs. Southcott had

It was the best of times, it was the worst of times, it was the age of wisdom, it was the age of foolishness, it was the epoch of Light, it was the season of Darkness, it was the spring of hope, it was the winter of despair, we had everything before us, we had nothing before us, we were all going direct to Heaven, we were all going direct the other way—in short, the period was so far like the present period,

This typeface is available only from European compositors.

It was the best of times, it was the worst of times, it was the age of wisdom, it was the age of foolishness, it was the epoch of Light, it was the season of Darkness, it was the spring of hope, it was the winter of despair, we had everything before us, we had nothing before us, we were all going direct to Heaven, we were all going direct the other way—in short, the period was so far like the present period, that some of its noisiest authorities insisted on its being received, for good or for evil, in the superlative degree of comparison only.

There were a king with a large jaw and a queen with a plain face on the throne of England; there were a king with a large jaw and a queen with a fair face, on the throne of France. In both countries it was clearer than crystal to the lords of the State preserves of loaves and fishes, that things in general were settled for ever.

It was the year of Our Lord one thousand seven hundred and seventy-five. Spiritual revelations were conceded to England at

It was the best of times, it was the worst of times, it was the age of wisdom, it was the age of foolishness, it was the epoch of Light, it was the season of Darkness, it was the spring of hope, it was the winter of despair, we had everything before us, we had nothing before us, we were all going direct to Heaven, we were all going direct the other way—in

It was the best of times, it was the worst of times, it was the age of wisdom, it was the age of foolishness, it was the epoch of Light, it was the season of Darkness, it was the spring of hope, it was the winter of despair, we had everything before us, we had nothing before us, we were all going direct to Heaven, we were all going direct the other way—in short, the period was so far like the present period, that some of its noisiest authorities insisted on its being received, for good or for evil, in the superlative degree of comparison only.

There were a king with a large jaw and a queen with a plain face on the throne of England; there were a king with a large jaw and a queen with a fair face, on the throne of France. In both countries it was clearer than crystal to the lords of the State preserves of loaves and fishes, that things in general were settled for ever.

It was the year of Our Lord one thousand seven hundred and seventy-five. Spiritual revelations were conceded to England at

It was the best of times, it was the worst of times, it was the age of wisdom, it was the age of foolishness, it was the epoch of Light, it was the season of Darkness, it was the spring of hope, it was the winter of despair, we had everything before us, we had nothing before us, we were all going direct to Heaven, we were all going direct the other

Läsbarheten i ett nytt typsnitt skall helst bedömas av personer som står utanför typspecialisternas lilla krets. Detaljer som av fackmannen bedömes som typografiskt intressanta kan för lekmannen verka direkt störande vid konsumerandet av texten. Läsaren har en omedveten uppfattning om antikvabokstavens normalform och reagerar för varje avvikelse mot denna. Det bör därför inte finnas något originellt drag i en ny antikvabokstav, ty då skulle den i längden bli olidlig att läsa. Vår tids antikvatyper är resultatet av en mycket varsam tolkning av bokstavsformer, vilka fulländades av de venetianska boktryckarna och stämpelskärarna redan under 1400-talets slut. En typtecknare som ämnar göra en ny antikva bör därför vara utrustad med goda kunskaper om bokstavens grundform och helst veta något om de hundratals försök som genom tiderna gjorts för att överträffa denna. Han måste arbeta med otroligt snävt begränsad rörelsefrihet, där fantasin på sin höjd kan få kretsa kring en linjes svaga böjning eller jämvikten i en stapel. En ny antikvabokstav blir aldrig färdig i de första utkasten. Den kan i isolerat tillstånd vara fulländat vacker, men i samma ögonblick den ställes bredvid ett par andra bokstäver kan den verka

Läsbarheten i ett nytt typsnitt skall helst bedömas av personer som står utanför typspecialisternas lilla krets. Detaljer som av fackmannen bedömes som typografiskt intressanta kan för lekmannen verka direkt störande vid konsumerandet av texten. Läsaren har en omedveten uppfattning om antikvabokstavens normalform och reagerar för varje avvikelse mot denna. Det bör därför inte finnas något originellt

Läsbarheten i ett nytt typsnitt skall helst bedömas av personer som står utanför typspecialisternas lilla krets. Detaljer som av fackmannen bedömes som typografiskt intressanta kan för lekmannen verka direkt störande vid konsumerandet av texten. Läsaren har en omedveten uppfattning om antikvabokstavens normalform och reagerar för varje avvikelse mot denna. Det bör därför inte finnas något originellt drag i en ny antikvabokstav, ty då skulle den i längden bli olidlig att läsa. Vår tids antikvatyper är resultatet av en mycket varsam tolkning av bokstavsformer, vilka fulländades av de venetianska boktryckarna och stämpelskärarna redan under 1400-talets slut. En typtecknare som ämnar göra en ny antikva bör därför vara utrustad med goda kunskaper om bokstavens grundform och helst veta något om de hundratals försök som genom tiderna gjorts för att överträffa denna. Han måste arbeta med otroligt snävt begränsad rörelsefrihet, där fantasin på sin höjd kan få kretsa kring en linjes svaga böjning eller jämvikten i en stapel. En ny antikvabokstav blir aldrig färdig i de första utkasten. Den kan i isolerat tillstånd vara fulländat vacker, men i sam-

Läsbarheten i ett nytt typsnitt skall helst bedömas av personer som står utanför typspecialisternas lilla krets. Detaljer som av fackmannen bedömes som typografiskt intressanta kan för lekmannen verka direkt störande vid konsumerandet av texten. Läsaren har en omedveten uppfattning om antikvabokstavens normalform och reagerar för varje avvikelse mot denna. Det bör därför inte finnas något originellt drag i en ny antikvabokstav, ty då skulle den i längden bli olidlig att läsa. Vår tids antikvatyper är resultatet av en mycket varsam tolkning av bokstavsformer, vilka fulländades av de venetianska boktryckarna och stämpelskärarna redan under 1400-talets slut. En typtecknare som ämnar göra en ny antikva bör därför vara utrustad med goda kunskaper om bokstavens grundform och helst veta något om de hundratals försök som genom tiderna gjorts för att överträffa denna. Han måste arbeta med otroligt snävt begränsad rörelsefrihet, där fantasin på sin höjd kan få kretsa kring en linjes svaga böjning eller jämvikten i en stapel. En ny antikvabokstav blir aldrig färdig i de första utkasten. Den kan i isolerat tillstånd vara fulländat vacker, men i samma ögonblick den ställes bredvid ett par andra

It was the best of times, it was the worst of times, it was the age of wisdom, it was the age of foolishness, it was the epoch of Light, it was the season of Darkness, it was the spring of hope, it was the winter of despair, we had everything before us, we had nothing before us, we were all going direct to Heaven, we were all going direct the other way—in short, the period was so far like the present period, that some of its noisiest authorities insisted on its being received, for good or for evil, in the superlative degree of comparison only.

There were a king with a large jaw and a queen with a plain face on the throne of England; there were a king with a large jaw and a queen with a fair face, on the throne of France. In both countries it was clearer than crystal to the lords of the State preserves of loaves and fishes, that things in general were settled for ever.

It was the year of Our Lord one thousand seven hundred and seventy-five. Spiritual revelations were conceded to England at that favoured period, as at this. Mrs. Southcott

Läsbarheten i ett nytt typsnitt skall helst bedömas av personer som står utanför typspecialisternas lilla krets. Detaljer som av fackmannen bedömes som typografiskt intressanta kan för lekmannen verka direkt störande vid konsumerandet av texten. Läsaren har en omedveten uppfattning om antikvabokstavens normalform och reagerar för varje avvikelse mot denna. Det bör därför inte

Läsbarheten i ett nytt typsnitt skall helst bedömas av personer som står utanför typspecialisternas lilla krets. Detaljer som av fackmannen bedömes som typografiskt intressanta kan för lekmannen verka direkt störande vid konsumerandet av texten. Läsaren har en omedveten uppfattning om antikvabokstavens normalform och reagerar för varje avvikelse mot denna. Det bör därför inte finnas något originellt drag i en ny antikva-

It was the best of times, it was the worst of times, it was the age of wisdom, it was the age of foolishness, it was the epoch of Light, it was the season of Darkness, it was the spring of hope, it was the winter of despair, we had nothing before us, we were all going direct the other way—in short, the period was so far like the present period, that some of its noisi-

*This typeface is available only from European compositors.

Läsbarheten i ett nytt typsnitt skall helst bedömas av personer som står utanför specialisternas lilla krets. Detaljer som av fackmannen bedömes som typografiskt intressanta kan för lekmannen verka direkt störande vid konsumerandet av texten. Läsaren har en omedveten uppfattning om antikvabokstavens normalform och reagerar för varje avvikelse mot denna. Det bör därför inte finnas något originellt drag i en ny antikvabokstav, ty då skulle den i längden bli olidlig att läsa. Vår tids antikvatyper är resultatet av en mycket varsam tolkning av bokstavsformer, vilka fulländades av de venetianska boktryckarna och stämpelskärarna redan under 1400-talets slut. En typtecknare som ämnar göra en ny antikva bör därför vara utrustad med goda kunskaper om bokstavens grundform och helst veta något om de hundratals försök som genom tiderna gjorts för att överträffa denna. Han måste arbeta med otroligt snävt begränsad rörelsefrihet, där fantasin på sin höjd kan få kretsa kring en linjes svaga böjning eller jämvikten i en stapel. En ny antikvabokstav blir aldrig färdig i de första utkasten. Den kan i isolera tillstånd vara fulländat vacker, men i samma

Läsbarheten i ett nytt typsnitt skall helst bedömas av personer som står utanför specialisternas lilla krets. Detaljer som av fackmannen bedömes som typografiskt intressanta kan för lekmannen verka direkt störande vid konsumerandet av texten. Läsaren har en omedveten uppfattning om antikvabokstavens normalform och reagerar för varje avvikelse mot denna. Det bör därför inte finnas

It was the best of times, it was the worst of times, it was the age of wisdom, it was the age of foolishness, it was the epoch of Light, it was the season of Darkness, it was the spring of hope, it was the winter of despair, we had everything before us, we had nothing before us, we were all going direct to Heaven, we were all going direct the other way—in short, the period was so far like the present period, that some of its noisiest authorities insisted on its being received, for good or for evil, in the superlative degree of comparison only.

There were a king with a large jaw and a queen with a plain face on the throne of England; there were a king with a large jaw and a queen with a fair face, on the throne of France. In both countries it was clearer than crystal to the lords of the State preserves of loaves and fishes, that things in general were settled for ever.

It was the year of Our Lord one thousand seven hundred and seventy-five. Spiritual revelations were conceded to England at that favoured period, as at this. Mrs. Southcott had recently attained her five-and-twentieth blessed birthday, of whom a prophetic private in the Life Guards had heralded the sublime appearance by announcing that arrangements were made for the swallowing up of London and West-

It was the best of times, it was the worst of times, it was the age of wisdom, it was the age of foolishness, it was the epoch of Light, it was the season of Darkness, it was the spring of hope, it was the winter of despair, we had everything before us, we had nothing before us, we were all going direct to Heaven, we were all going direct the other way—in short, the period was so far like the present period, that some of its noisiest au-

Läsbarheten i ett nytt typsnitt skall helst bedömas av personer som står utanför typspecialisternas lilla krets. Detaljer som av fackmannen bedömes som typografiskt intressanta kan för lekmannen verka direkt störande vid konsumerandet av texten. Läsaren har en omedveten uppfattning om antikvabokstavens normalform och reagerar för varje avvikelse mot denna. Det bör därför inte finnas något originellt drag i en ny antikvabokstav, ty då skulle den i längden bli olidlig att läsa. Vår tids antikvatyper är resultatet av en mycket varsam tolkning av bokstavsformer, vilka fulländades av de venetianska boktryckarna och stämpelskärarna redan under 1400-talets slut. En typtecknare som ämnar göra en ny antikva bör därför vara utrustad med goda kunskaper om bokstavens grundform och helst veta något om de hundratals försök som genom tiderna gjorts för att överträffa denna. Han måste arbeta med otroligt snävt begränsad rörelsefrihet, där fantasin på sin höjd kan få kretsa kring en linjes svaga böjning eller jämvikten i en stapel. En ny antikvabokstav blir aldrig färdig i de första utkasten. Den kan i isolerat tillstånd vara fulländat vacker, men i samma ögonblick den ställes bredvid ett par andra bokstäver kan

Läsbarheten i ett nytt typsnitt skall helst bedömas av personer som står utanför typspecialisternas lilla krets. Detaljer som av fackmannen bedömes som typografiskt intressanta kan för lekmannen verka direkt störande vid konsumerandet av texten. Läsaren har en omedveten uppfattning om antikvabokstavens normalform och reagerar för varje avvikelse mot denna. Det bör därför inte finnas något originellt drag i en ny antikvabokstav, ty

It was the best of times, it was the worst of times, it was the age of wisdom, it was the age of foolishness, it was the epoch of Light, it was the season of Darkness, it was the spring of hope, it was the winter of despair, we had everything before us, we had nothing before us, we were all going direct to Heaven, we were all going direct the other way—in short, the period was so far like the present period, that some of its noisiest authorities insisted on its being received, for good or for evil, in the superlative degree of comparison only.

There were a king with a large jaw and a queen with a plain face on the throne of England; there were a king with a large jaw and a queen with a fair face, on the throne of France. In both countries it was clearer than crystal to the lords of the State preserves of loaves and fishes, that things in general were settled for ever.

It was the year of Our Lord one thousand seven hundred and seventy-five. Spiritual revelations were conceded to England at that favoured period, as at this. Mrs. Southcott had recently attained her five-and-twentieth blessed birthday, of whom a prophetic private in the Life Guards had heralded the sublime appearance by announcing that arrangements were made for the swallowing up of London and Westminster. Even the Cock-

It was the best of times, it was the worst of times, it was the age of wisdom, it was the age of foolishness, it was the epoch of Light, it was the season of Darkness, it was the spring of hope, it was the winter of despair, we had everything before us, we had nothing before us, we were all going direct to Heaven, we were all going direct the other way—in short, the period was so far like the present period, that some of its noisiest authorities insisted on its being received, for good or for evil,

Läsbarheten i ett typsnitt skall helst bedömas av personer som står utanför typspecialisternas lilla krets. Detaljer som av fackmannen bedömes som typografiskt intressanta kan för lekmannen verka direkt störande vid konsumerandet av texten. Läsaren har en omedveten uppfattning om antikvabokstavens normalform och reagerar för varje avvikelse mot denna. Det bör därför inte finnas något originellt drag i en ny antikvabokstav, ty då skulle den i längden bli olidlig att läsa. Vår tids antikvatyper är resultatet av en mycket varsam tolkning av bokstavsformer, vilka fulländades av de venetianska boktryckarna och stämpelskärarna redan under 1400-talets slut. En typtecknare som ämnar göra en ny antikva bör därför vara utrustad med goda kun-

Läsbarheten i ett nytt typsnitt skall helst bedömas av personer som står utanför typspecialisternas lilla krets. Detaljer som av fackmannen bedömes som typografiskt intressanta kan för lekmannen verka direkt störande vid konsumerandet av texten. Läsaren har en omedveten uppfattning om antikvabokstavens normalform och reagerar för varje avvikelse mot denna. Det bör därför inte finnas något originellt drag i en ny antikvabokstav, ty då

Läsbarheten i ett nytt typsnitt skall helst bedömas av personer som står utanför typspecialisternas lilla krets. Detaljer som av fackmannen bedömes som typografiskt intressanta kan för lekmannen verka direkt störande vid konsumerandet av texten. Läsaren har en omedveten uppfattning om antikvabokstavens normalform och reagerar för varje avvikelse

Läsbarheten i ett nytt typsnitt skall helst bedö mas av personer som står utanför typspecialis ternas lilla krets. Detaljer som av fackmannen bedömes som typografiskt intressanta kan för lekmannen verka direkt störande vid konsumerandet av texten. Läsaren har en omedveten uppfattning om antikvabokstavens normalform och reagerar för varje avvikelse mot denna. Det bör därför inte finnas något originellt drag i en ny antikvabokstav, ty då skulle den i längden bli olidlig att läsa. Vår tids antikvatyper är resultatet av en mycket varsam tolkning av bokstavsformer, vilka fulländades av de venitianska boktryckarna och stämpelskärarna redan under1400-talets slut. En typtecknare som ämnar göra en ny antikva bör därför vara utrustad med goda kunskaper om bokstavens grundform och helst veta något om de hundratals försök som genom tiderna gjorts för att överträffa denna. Han måste arbeta med otroligt snävt begränsad rörelsefrihet, där fantasin på sin höjd kan få kretsa kring en linjes svaga böjning eller jämvikten i en stapel. En ny antikvabokstav blir aldrig färdig i de första utkasten. Den kan i isolerat tillstånd

Läsbarheten i ett nytt typsnitt skall helst bedömas av personer som står utanför typspecialisternas lilla krets. Detaljer som av fackmannen bedömes som typografiskt intressanta kan för lekmannen verka direkt störande vid konsumerandet av texten. Läsaren har en omedveten uppfattning om antikvabokstavens normalform och reagerar för varje avvikelse mot denna. Det

*This typeface is available only from European compositors.

Column 1 — Folio 8· PHOTOTYPESETTING

was the best of times, it was the worst of times, it was the ge of wisdom, it was the age of foolishness, it was the epoch f Light, it was the season of Darkness, it was the spring of ope, it was the winter of despair, we had everything before s, we had nothing before us, we were all going direct to eaven, we were all going direct the other way—in short, the eriod was so far like the present period, that some of its oisiest authorities insisted on its being received, for good or r evil, in the superlative degree of comparison only.

There were a king with a large jaw and a queen with a plain ce on the throne of England; there were a king with a large w and a queen with a fair face, on the throne of France. In oth countries it was clearer than crystal to the lords of the tate preserves of loaves and fishes, that things in general ere settled for ever.

It was the year of Our Lord one thousand seven hundred nd seventy-five. Spiritual revelations were conceded to En- land at that favoured period, as at this. Mrs. Southcott had cently attained her five-and-twentieth blessed birthday, of hom a prophetic private in the Life Guards had heralded the ublime appearance by announcing that arrangements were ade for the swallowing up of London and Westminster.

was the best of times, it was the worst of times, it was the ge of wisdom, it was the age of foolishness, it was the epoch

was the best of times, it was the worst of times, it was the ge of wisdom, it was the age of foolishness, it was the poch of Light, it was the season of Darkness, it was the pring of hope, it was the winter of despair, we had every- ing before us, we had nothing before us, we were all oing direct to Heaven, we were all going direct the other ay—in short, the period was so far like the present period, at some of its noisiest authorities insisted on its being

his typeface is available only from European compositors.

Column 2 — Helvetica 8· PHOTOTYPESETTING

It was the best of times, it was the worst of times, it was the age of wisdom, it was the age of foolishness, it was the epoch of Light, it was the season of Darkness, it was the spring of hope, it was the winter of despair, we had every- thing before us, we had nothing before us, we were all going direct to Heaven, we were all going direct the other way—in short, the period was so far like the present period, that some of its noisiest authorities insisted on its being received, for good or for evil, in the superlative degree of comparison only.

There were a king with a large jaw and a queen with a plain face on the throne of England; there were a king with a large jaw and a queen with a fair face, on the throne of France. In both countries it was clearer than crystal to the lords of the State preserves of loaves and fishes, that things

It was the best of times, it was the worst of times, it was the age of wisdom, it was the age of foolishness, it was the epoch of Light, it was the season of Darkness, it was the spring of hope, it was the winter of despair, we had every- thing before us, we had nothing before us, we were all going direct to Heaven, we were all going direct the other way—in short, the period was so far like the present period, that some of its noisiest authorities insisted on its being

It was the best of times, it was the worst of times, it was the age of wisdom, it was the age of foolishness, it was the epoch of Light, it was the season of Darkness, it was the spring of hope, it was the winter of despair, we had everything before us, we had nothing before us, we were all going direct to Heaven, we were all going direct the other way—in short, the period was so far like the present period, that some of its noisiest authorities

Column 3 — *Neue Haas-Grotesk 8· HAAS

Läsbarheten i ett nytt typsnitt skall helst bedömas av personer som står utanför typspecialisternas lilla krets. Detaljer som av fackmannen bedömes som typografiskt intressanta kan för lekmannen verka direkt störande vid konsumerandet av texten. Läsa- ren har en omedveten uppfattning om antikvabok- stavens normalform och reagerar för varje avvikelse mot denna. Det bör därför inte finnas något origi- nellt drag i en ny antikvabokstav, ty då skulle den i längden bli olidlig att läsa. Vår tids antikvatyper är resultatet av en mycket varsam tolkning av bok- stavsformer, vilka fulländades av de venetianska bok- tryckarna och stämpelskärarna redan under 1400- talets slut. En typtecknare som ämnar göra en ny antikva bör därför vara utrustad med goda kunskaper om bokstavens grundform och helst veta något om de hundratals försök som genom tiderna gjorts för att överträffa denna. Han måste arbeta med otroligt snävt begränsad rörelsefrihet, där fantasin på sin höjd kan få kretsa kring en linjes svaga böjning eller jämvikten i en stapel. En ny antikvabokstav blir aldrig färdig i de första utkasten. Den kan i isolerat tillstånd vara fulländat vacker, men i samma ögonblick den ställes bredvid ett par andra bokstäver kan den verka

Läsbarheten i ett nytt typsnitt skall helst bedömas av personer som står utanför typspecialisternas lilla krets. Detaljer som av fackmannen bedömes som typografiskt intressanta kan för lekmannen verka direkt störande vid konsumerandet av texten. Läsaren har en omedveten uppfattning om antikva- bokstavens normalform och reagerar för varje av- vikelse mot denna. Det bör därför inte finnas något

Läsbarheten i ett nytt typsnitt skall helst bedömas av personer som står utanför typspecialisternas lilla krets. Detaljer som av fackmannen bedömes som typografiskt intressanta kan för lekmannen verka direkt störande vid konsumerandet av texten. Läsaren har en omedveten uppfattning om antikvabokstavens normalform och reagerar för varje avvikelse mot denna. Det bör därför inte finnas något originellt drag i en ny antikvabokstav, ty då skulle den i längden bli olidlig att läsa. Vår tids antikvatyper är resultatet av en mycket varsam tolkning av bokstavsformer, vilka fulländades av de venetianska boktryckarna och stämpelskärarna redan under 1400-talets slut. En typtecknare som ämnar göra en ny antikva bör därför vara utrustad med goda kunskaper om bokstavens grundform och helst veta något om de hundratals försök som genom tiderna gjorts för att överträffa denna. Han måste arbeta med otroligt snävt begränsad rörelsefrihet, där fantasin på sin höjd kan få kretsa kring en linjes svaga böjning eller jämvikten i en stapel. En ny antikvabokstav blir aldrig färdig i de första utkasten. Den kan i isolerat tillstånd vara fulländat vacker, men i samma ögonblick den ställes bredvid ett par andra bokstäver kan den verka otymplig. Varje ny bokstav förändrar på detta sätt sitt ansikte vid olika kombination

Läsbarheten i ett nytt typsnitt skall helst bedömas av personer som står utanför typspecialisternas lilla krets. Detaljer som av fackmannen bedömes som typografiskt intressanta kan för lekmannen verka direkt störande vid konsumerandet av texten. Läsaren har en omedveten uppfattning om antikvabokstavens normalform och reagerar för varje avvikelse mot denna. Det bör därför inte finnas något originellt dra

Läsbarheten i ett nytt typsnitt skall helst bedömas av personer som står utanför typspecialisternas lilla krets. Detaljer som av fackmannen bedömes som typografiskt intressanta kan för lekmannen verka direkt störande vid konsumerandet av texten. Läsaren har en omedveten uppfattning om antikvabokstavens normalform och reagerar för varje avvikelse mot denna. Det bör därför inte finnas något originellt drag i en ny antikvabokstav, ty då skulle den i längden bli olidlig att läsa. Vår tids antikvatyper är resultatet av en mycket varsam tolkning av bokstavsformer, vilka fulländades av de venetianska boktryckarna och stämpelskärarna redan under 1400-talets slut. En typtecknare som ämnar göra en ny antikva bör därför vara utrustad med goda kunskaper om bokstavens grundform och helst veta något om de hundra-

Läsbarheten i ett nytt typsnitt skall helst bedömas av personer som står utanför typspecialisternas lilla krets. Detaljer som av fackmannen bedömes som typografiskt intressanta kan för lekmannen verka direkt störande vid konsumerandet av texten. Läsaren har en omedveten uppfattning om antikvabokstavens normalform och reagerar för varje avvikelse mot denna. Det bör därför inte finnas något originellt drag i en ny antikvabokstav, ty då

Läsbarheten i ett nytt typsnitt skall helst bedömas av personer som står utanför typspecialisternas lilla krets. Detaljer som av fackmannen bedömes som typografiskt intressanta kan för lekmannen verka direkt störande vid konsumerandet av texten. Läsaren har en omedveten uppfattning om antikvabokstavens normalform och reagerar för varje avvikelse mot denna. Det bör därför inte

Läsbarheten i ett nytt typsnitt skall helst bedömas a personer som star utanför typspecialisternas lilla krets Detaljer som av fackmannen bedömes som typografisk intressanta kan för lekmannen verka direkt störande vi konsumerandet av texten. Läsaren har en omedveten upf attning om antikvabokstavens normalform och re agerar för varje avvikelse mot denna. Det bör därför inte finnas nagot originellt drag i en ny antikvabokstav ty da skulle den i längden bli olidlig att läsa. Var tid antikvatyper är resultatet av en mycket varsam tolkning av bokstavsformer, vilka fulländades av de venetianska boktryckarna och stämpelskärarna redan under 1400 talets slut. En typtecknare som ämnar göra en ny antikv bör därför vara utrustad med goda kunskaper om bok stavens grundform och helst veta nagot om de hundra tals försök som genom tiderna gjorts för att överträff denna. Han maste arbeta med otroligt snävt begränsa rörelsefrihet, där fantasin pa sin höjd kan fa kretsa krin en linjes svaga böjning eller jämvikten i en stapel. E ny antikvabokstav blir aldrig färdig i de första utkasten Den kan i isolerat tillstand vara fulländat vacker, me i samma ögonblick den ställes bredvid ett par andr bokstäver kan den verka otymplig. Varje ny boksta förändrar pa detta sätt sitt ansikte vid olika kombina

Läsbarheten i ett nytt typsnitt skall helst bedöma av personer som star utanför typspecialisternas lill krets. Detaljer som av fackmannen bedömes som typografiskt intressanta kan för lekmannen verka direkt störande vid konsumerandet av texten. Läsa ren har en omedveten uppfattning om antikvabok stavens normalform och reagerar för varje avvikels mot denna. Det bör därför inte finnas nagot origi

This typeface is available only from European compositor

ABCDEFGHIJKLMNOPQRSTUVWXYZ
12345 abcdefghijklmnopqrstuvwxyz 67890

ABCDEFGHIJKLMNOPQRSTUVWXYZ
12345 abcdefghijklmnopqrstuvwxyz 67890

ABCDEFGHIJKLMNOPQRSTUVWXYZ
12345 abcdefghijklmnopqrstuvwxyz 67890

ABCDEFGHIJKLMNOPQRSTUVWXYZ
12345 abcdefghijklmnopqrstuvwxyz 67890

ABCDEFGHIJKLMNOPQRSTUVWXYZ
12345 abcdefghijklmnopqrstuvwxyz 67890

ABCDEFGHIJKLMNOPQRSTUVWXYZ
AACAGEAFARGAHTKALALAL/MNTRRRASSSTSTTHUTVVVW
12345 abcdefghijklmnopqrstuvwxyz eff fiflffiffifflVVW 67890

ABCDEFGHIJKLMNOPQRSTUVWXYZ
AACAGEAFARGAHTKALALAL/MMNTRRRASSSTSTTHUTVVVNW
12345 abcdefghijklmnopqrstuvwxyz 67890

ABCDEFGHIJKLMNOPQRSTUVWXYZ
AACAGEAFARGAHTKALALM/MMNTRRRA
SSSSTSTTHUTVVVVWW 11234567890
abcdefghijklmnopqrstuvwxyz

ABCDEFGHIJKLMNOPQRSTUVWXYZ
AAEAHTKALALL/MMNTRRRASSSTSTTHUTVVNW
abcdefghijklmnopqrstuvwxyz
eVVwWWy 1234567890

AA ABCDEFGHIJKLMMNOPQRSTUVWXYZ
AAÆBÆÆHAKÆARSSTT 1234567890
abcdefghijklmnopqrstuvwxyz

Avant Garde: Extra Light, Book, Bold, Bold Condensed   Benguiat: Medium   PHOTOTYPESETTING

✻

ABCDEFGHIJKLMNOPQRSTUVWXYZ
12345 abcdefghijklmnopqrstuvwxyz 67890

ABCDEFGHIJKLMNOPQRSTUVWXYZ
abcdefghijklmnopqrstuvwxyz
1234567890

ABCDEFGHIJKLMNOPQRSTUVWXYZ
abcdefghijklmnopqrstuvwxyz
1234567890

✻✻✻✻✻✻✻✻✻✻✻✻✻✻✻✻✻✻✻✻✻✻✻

AABCDEFGHIJKLMNOPQRSTUVWXYZR
12345 The abcdefghijklmnopqrstuvwxyz &of 67890

ABCDEFGHIJKLMNOPQRSTUVWXYZ
AABBCDEFGHIJKLMNOPRR
123 abcdefghijklmnopqrstuvwxyz 456
78 6deffiKlm n o pqr tuvwy 90

ABCDEFGHIJKLMNOPQRSTUVWXYZ
AABBCDEFGHIJKLMNOPRR
123 abcdefghijklmnopqrstuvwxyz 456
78 6deffiKm n o pqr tuvwy 90

✻   ✻

ABCDEFGHIJKLMNOPQRSTUVWXYZ
12345 abcdefghijklmnopqrstuvwxyz 67890

ABCDEFGHIJKLMNOPQRSTUVWXYZ
12345 abcdefghijklmnopqrstuvwxyz 67890

ABCDEFGHIJKLMNOPQRSTUVWXYZ
12345 abcdefghijklmnopqrstuvwxyz 67890

ABCDEFGHIJKLMNOPQRSTUVWXYZ
12345 abcdefghijklmnopqrstuvwxyz 67890

ABCDEFGHIJKLMNOPQRSTUVWXYZ
abcdefghijklmnopqrstuvwxyz

ABCDEFGHIJKLMNOPQRSTUVWXYZ
abcdefghijklmnopqrstuvwxyz

ABCDEFGHIJKLMNOPQRSTUVWXYZ
abcdefghijklmnopqrstuvwxyz

ABCDEFGHIJKLMNOPQRSTUVWX
abcdefghijklmnopqrstuvwxyz

ABCDEFGHIJKLMNOPQRSTUVW
abcdefghijklmnopqrstuvwxyz

ABCDEFGHIJKLMNOPQRSTUVWXYZ
12345 abcdefghijklmnopqrstuvwxyz 67890

ABCDEFGHIJKLMNOPQRSTUVWXYZ
12345 abcdefghijklmnopqrstuvwxyz 67890

ABCDEFGHIJKLMNOPQRSTUVWXYZ
12345 abcdefghijklmnopqrstuvwxyz 67890

ABCDEFGHIJKLMNOPQRSTUVWXYZ
123 abcdefghijklmnopqrstuvwxyz 456

ABCDEFGHIJKLMNOPQRSTUVWXYZ
1234 abcdefghijklmnopqrstuvwxyz 5678

ABCDEFGHIJKLMNOPQRSTUVWXYZ
1234 abcdefghijklmnopqrstuvwxyz 5678

ABCDEFGHIJKLMNOPQRSTUVWXYZ
12345 abcdefghijklmnopqrstuvwxyz 67890

ABCDEFGHIJKLMNOPQRSTUVWXYZ
12345 abcdefghijklmnopqrstuvwxyz 67890

ABCDEFGHIJKLMNOPQRSTUVWXYZ
12345 abcdefghijklmnopqrstuvwxyz 67890

ABCDEFGHIJKLMNQRSTUVWXYZ
123 abcdefghijklmnopqrstuvwxyz 678

ABCDEFGHIJKLMNOPQRSTUVWXYZ
12345 abcdefghijklmnopqrstuvwxyz 67890

ABCDEFGHIJKLMNOPQRSTUVWXYZ
1234 abcdefghijklmnopqrstuvwxyz 6789

ABCDEFGHIJKLMNOPQRSTUVWXYZ
12345 abcdefghijklmnopqrstuvwxyz 67890

ABCDEFGHIJKLMNOPQRSTUVWXYZ
12345 abcdefghijklmnopqrstuvwxyz 67890

ABCDEFGHIJKLMNOPQRSTUVWXYZ
12345 abcdefghijklmnopqrstuvwxyz 67890

ABCDEFGHIJKLMNOPQRSTUVWXYZ
12345 abcdefghijklmnopqrstuvwxyz 67890

ABCDEFGHIJKLMNOPQRSTUVWXYZ
112345 abcdefghijklmnopqrstuvwxyz 67890

ABCDEFGHIJKLMNOPQRSTUVWXYZ
12345 abcdefghijklmnopqrstuvwxyz 67890

ABCDEFGHIJKLMNOPQRSTUVWXYZ
12345 abcdefghijklmnopqrstuvwxyz 67890

ABCDEFGHIJKLMNOPQRSTUVWXYZ
12345 abcdefghijklmnopqrstuvwxyz 67890

ABCDEFGHIJKLMNOPQRSTUVWXZ
12345 abcdefghijklmnopqrstuvwxyz 67890

ABCDEFGHIJKLMNOPQRSTUVWXYZ
123 abcdefghijklmnopqrstuvwxyz 678

ABCDEFGHIJKLMNOPQRSTUVW
123 abcdefghijklmnopqrstuvwxyz 678

A AABCCACDEEAFFAGGGHHHIJKKAALAAM MM NNO
12345 PRQRRASSSTTHUUTVVVW WNWXYZ 67890
abcdeeffffiffiffllfghijklmnopqrsttuvvvwwwxyyz

Kabel: Medium, Bold, Heavy   Korinna: Regular, Bold Kursiv, Heavy   Lubalin Graph: Extra Light   PHOTOTYPESETTING

ABCDEFGHIJKLMNOPQRSTUVWXYZ
123 abcdefghijklmnopqrstuvwxyz 678

ABCDEFGHIJKLMNOPQRSTUVWXYZ
123 abcdefghijklmnopqrstuvwxyz 678

AAABCCACDEFFAGGHHTIJKLMMMNOPQRRASSSST
12345 THUVVVWWWXYZÆ 67890
abcdeeffffiffiffflfighijklmnopqrstuvvvwwwxyyz

AaBCDEEFGHIJKLMMNNOPQRSTUVWWXYZ
12345 abcdefgghijjklmnoppqgrstuvwxyyyyz 67890

AaBCDEEFGHIJKLMMNNOPQRSTUVWWXYZ
12345 abcdefgghijjklmnoppqgrstuvwxyyyyz 678

AaBCDEEFGHIJKLMMNNOPQRSTUVWWXYZ
12345 abcdefgghijjklmnoppqgrstuvwxyyyyz 67890

ABCDEFGHIJKLMNOPQRSTUVWXYZ
12345 abcdefghijklmnopqrstuvwxyz 67890

ABCDEFGHIJKLMNOPQRSTUVWXYZ
12345 abcdefghijklmnopqrstuvwxyz 67890

ABCDEFGHIJKLMNOPQRSTUVWXYZ
12345 *abcdefghijklmnopqrstuvwxyz* 67890

ABCDEFGHIJKLMNOPQRSTUVWXYZ
123 abcdefghijklmnopqrstuvwxyz 678

ABCDEFGHIJKLMNOPQRSTUVWXYZ
12345 abcdefghijklmnopqrstuvwxyz 67890

ABCDEFGHIJKLMNOPQRSTUVWXYZ
12345 abcdefghijklmnopqrstuvwxyz 67890

ABCDEFGHIJKLMNOPQRSTUVWXYZ
12345 abcdefghijklmnopqrstuvwxyz 67890

ABCDEFGHIJKLMNOPQRSTUVWXYZ
12345 abcdefghijklmnopqrstuvwxyz 67890

123 ABCDEFGHIJKLMNOPQRSTUVWXYZ 678
abcdeffffififlffifflgghijklmnopqrstuvwxyz

ABCDEFGHIJKLMNOPQRSTUVWXYZ
123 abcdefghijklmnopqrstuvwxyz 678

ABCDEFGHIJKLMNOPQRSTUVWXYZ
123 abcdefghijklmnopqrstuvwxyz 678

Plantin: Regular, Bold, Bold Condensed   Friz Quadrata: Regular, Bold   Quorum: Book, Medium   PHOTOTYPESETTING

ABCDEFGHIJKLMNOPQRSTUVWXYZ
1234 abcdefghijklmnopqrstuvwxyz 6789

ABCDEFGHIJKLMNOPQRSTUVWXYZ
1234 abcdefghijklmnopqrstuvwxyz 6789

ABCDEFGHIJKLMNOPQRSTUVWXYZ
abcdefghijklmnopqrstuvwxyz
1234567890

ABCDEFGHIJKLMNOPQRSTUVWXYZ
abcdefghijklmnopqrstuvwxyz
1234567890

ABCDEEFGHIJKLLMNOPQRSTUVWYZ&
123456 aabcdeeffghijklklmnopqrrssttuvwxyzz 788900

ABCDEFGHIJKLMNOPQRSTUVWXYZ
123 abcdefghijklmnopqrstuvwxyz 678

ABCDEFGHIJKLMNOPQRSTUVWXYZ
123 abcdefghijklmnopqrstuvwxyz 678

ÄÅÆÆBCÇDEEFGHIJKLLMMNNOÖŒŒØPQRSTUVVWWXYZ
aäåaäåœæœæbcçdeeffghijkklmnoöoœeœøpqrrss
123445 ttuvvwwxyzz 678890

ĄÅaÆBCÇDEEFGGHIJKLMMŅNNOØŒPQRSŞTTUVWXYZ
12345 aæbcdefghhijklmmņnnoøœpqrrŝstuvwxyz 67890

AAⱭÆBCCDEEFGGHIJKLMMNNOØŒPQRSSTTUVWXYZ
12345 aæbcçdefghhijklmmnnoøœpqrrßßtuvwxyz 67890

AAⱭÆBCDEEFGGHIJKLMMNNOØŒPQRSSTTUVWXYZ
12345 aæbcdefghhijklmmnnoøœpqrrßsstuvwxyz 67890

AAⱭÆBCÇDEEFGGHIJKLMMNNOØŒPQRSSTTUVWXYZ
12345 aæbcçdefghhijklmmnnoøœpqrrßßtuvwxyz 67890

ABCDEFGHIJKLMNOPQRSTUVWXYZ
12345 abcdefghijklmnopqrstuvwxyz 67890

ABCDEFGHIJJKKLMNOPQRRSTUVWXYZ
12345 abcdeefghijkklmnopqrstuvwxyz 67890

ABCDEFGHIJJKKLMNOPQRRSTUVWXYZ
12345 abcdeefghijkklmnopqrstuvwxyz 67890

Souvenir: Light Italic, Medium, Bold, Bold Outline   Tiffany: Light, Medium   PHOTOTYPESETTING

ABCDEFGHIJJKKLMNOPQRRSTUVWXYZ
12345 abcdeefghijkklmnopqrstuvwxyz 67890

ABCDEFGHIJKLMNOPQRSTUVWXYZ
1234 abcdeeffghijklmnopqrstuvwxyz 6789

❧❧❧❧❧❧❧❧❧❧❧❧❧❧❧❧❧❧

ABCDEFGHIJKLMNOPQRSTUVWXYZ
12345 abcdefghijklmnopqrstuvwxyz 67890

ABCDEFGHIJKLMNOPQRSTUVWXYZ
12345 abcdefghijklmnopqrstuvwxyz 67890

ABCDEFGHIJKLMNOPQRSTUVWXYZ
12345 abcdefghijklmnopqrstuvwxyz 67890

ABCDEFGHIJKLMNOPQRSTUVWXYZ
1234 abcdefghijklmnopqrstuvwxyz 6789

❧❧❧❧❧❧❧❧❧❧❧❧❧❧❧❧❧❧

ABCDEFGHIJKLMNOPQRSTUVWXYZ
12345 abcdefghijklmnopqrstuvwxyz 67890

ABCDEFGHIJKLMNOPQRSTUVWXYZ
12345 abcdefghijklmnopqrstuvwxyz 67890

ABCDEFGHIJKLMNOPQRSTUVWXYZ
12345 abcdefghijklmnopqrstuvwxyz 67890

ABCDEFGHIJKLMNOPQRSTUVWXYZ
1234 abcdefghijklmnopqrstuvwxyz 6789

❧❧❧❧❧❧❧❧❧❧❧

Dingbats and Symbols

Dingbats and Symbols

Typefounders

AMERICAN TYPE FOUNDERS CO., INC.
200 Elmora Avenue, Elizabeth,
New Jersey

TYPEFOUNDRY AMSTERDAM
nv Lettergieterij en Machinehandel
voorheen N. Tetterode
Bilderdijkstraat 163, Amsterdam West

BAUERSCHE GIESSEREI
Hamburger Allee 45,
Frankfurt am Main

BERLINGS GRAFISKA AB
Lund, Sweden

H. BERTHOLD AG
Mehringdamm 43, Berlin SW 61

DEBERNY & PEIGNOT
18 Rue Ferrus, Paris XVI

JOH. ENSCHEDÉ EN ZONEN
Haarlem, Holland

GRAFOTECHNA
Prag 7

HAAS'SCHE SCHRIFTGIESSEREI AG
Münchenstein, Schweiz

INTERTYPE LTD
Farnham Road, Slough, Bucks, England

LINOTYPE & MACHINERY LTD
21 John Street, London WC 1

LINOTYPE GmbH
Hedderichstrasse 106–114,
Frankfurt am Main

LUDWIG & MAYER
Hanauer Landstrasse 187–189,
Frankfurt am Main

MERGENTHALER LINOTYPE INC. CO.
29 Ryerson Street, Brooklyn 5, New York

MONOTYPE CORPORATION LTD
Salfords, Redhill, Surrey, England

SOCIETÀ NEBIOLO
Via Bologna 47, Torino, Italy

FONDERIE OLIVE
28 Rue Abbé-Féraud, Marseille V

SCHRIFTGIESSEREI D. STEMPEL AG
Hedderichstrasse 106–114,
Frankfurt am Main

STEPHENSON BLAKE & CO. LTD
Upper Allen Street, Sheffield 3

STEVENS SHANKS & SONS
89 Southwark Street, London SE 1

VEB TYPOART
Grossenhainer Strasse 9, Dresden N6, DDR

JOHANNES WAGNER GmbH
Ingolstadt/Donau, Germany

C. E. WEBER SCHRIFTGIESSEREI
Immenhofer Strasse 47, Stuttgart

Persons

Type Faces